幼儿体育与健康教育丛书　　丛书主编：叶巍

U1008679

幼儿
足球游戏
教学指导用书

包　晗　李春阳 ◎ 主编

河海大學出版社
HOHAI UNIVERSITY PRESS
· 南京 ·

图书在版编目（CIP）数据

幼儿足球游戏教学指导用书/包晗，李春阳主编
.-- 南京：河海大学出版社，2023.7
（幼儿体育与健康教育丛书/叶巍主编）
ISBN 978-7-5630-8165-3

Ⅰ.①幼… Ⅱ.①包… ②李… Ⅲ.①足球运动－学前教育－教学参考资料 Ⅳ.①G613.7

中国国家版本馆CIP数据核字（2023）第133355号

书　　名 幼儿足球游戏教学指导用书
书　　号 ISBN 978-7-5630-8165-3
责任编辑 曾雪梅
特约校对 薄小奇
封面设计 张育智　周彦余
装帧设计 杭永红
出版发行 河海大学出版社
地　　址 南京市西康路1号（邮编：210098）
网　　址 http://www.hhup.com
电　　话 025-83737852（总编室）　025-83722833（营销部）
经　　销 江苏省新华发行集团有限公司
排　　版 南京布克文化发展有限公司
印　　刷 南京工大印务有限公司
开　　本 787mm×1092mm　1/16
印　　张 6.75
字　　数 134千字
版　　次 2023年7月第1版
印　　次 2023年7月第1次印刷
定　　价 40.00元

《幼儿足球游戏教学指导用书》

编写委员会

主　　编：包　晗　李春阳

副 主 编：邵朝晖　郑光辉　张文婷　施通极

编　　委：孙大海　秦兆伟　蹇春华　陶礼顺　张红琴　李永坤
刘　涛　曾铁军　陈　军　刘　莉　郇　敏　章　青
郭建云　甘子路　杨　萌　曹　洪　刘　柱　孙　康
蒋　杰　于新想　李心超　高登路

合作机构：澳门亚莘体育文化有限公司

目录

第一章

幼儿足球概述

第一节　足球运动的起源与发展

足球是最常见的“几何空间体”，是一个类球体。它的表面一般由 12 块五边形和 20 块六边形一共 32 个面组成，由皮革或其他合适的材料制成。足球也被称为当今世界第一运动。它始终强调并促使“人球一统”，即“双脚各部位主导球，双手至上臂隔绝球，其他各部位触碰球”，通过踢进、顶入、碰到等方式，把球置入对方球门里次数多者获胜。足球更是幼儿全面发展的载体。它是幼儿的“知心朋友”，能够推动 3 ～ 6 岁幼儿在“健康、语言、社会、科学、艺术”五大领域的发展达到合理期望。

综上，从业者应当要学习掌握足球运动的起源与发展，搞清楚足球运动的“从哪里来，到哪里去”。在中国古代，有一种活动与现代足球相似，古人称之为“蹴鞠”“蹴踘”“蹴毬”“踢毬”“打毬”“蹙鞠”“踏鞠”“蹋鞠”等。2004 年国际足联正式宣布“中国古代的蹴鞠是足球的起源”，进一步确认了我国是世界上开展足球活动最早的国家。遗憾的是，这一结论常常被忽视。所以，从业者必须要弄明白“古代足球与现代足球”之间的关系，进一步增进我国幼儿足球教育内涵式发展。

一、古代足球运动的起源与发展

1. 战国前期开端

“蹴鞠”的起源一般分为黄帝起源和战国起源。《别录》记载，“蹴鞠者，传言黄帝所作，或曰起战国时。蹋鞠，兵势也，所以练武士，知有材也，皆因嬉戏而讲练之”[①]。

① 王承略，刘心明．二十五史艺文经籍志考补萃编（第四卷）[M]. 北京：清华大学出版社，2014：159.

有关黄帝起源，笔者认为仅为推测，无法考证。有关战国起源，则有文可证。在战国后期齐国首都临淄（今山东临淄北），“蹴鞠”是最受人们欢迎的运动项目之一，“临淄甚富而实，其民无不吹竽鼓瑟，弹琴击筑，斗鸡走狗，六博蹋鞠者”[①]。因此，世人认为，中国足球（蹴鞠）起源于战国时期齐国的国都临淄。这反映了蹴鞠在当时已非常流行，所以蹴鞠出现的时间应是战国前期。

2. 两汉时期发扬

汉代时期，蹴鞠继续得以发扬。首先，统治阶级为了蹴鞠不惜代价。刘邦为了解决父亲在宫中“无球可踢，心情郁闷”的问题，煞费苦心。《西京杂记》记载：“太上皇徙长安，居深宫，悽怆不乐。高祖窃因左右问其故。以平生所好，皆屠贩少年，酤酒卖饼，斗鸡蹴踘，以此为欢，今皆无此，故以不乐。高祖乃作新丰，移诸故人实之，太上皇乃悦。”[②]其次，能人志士为了蹴鞠不惜生死。骠骑将军霍去病，在军队行军时也不忘踢球，从而对抗饥饿、提振士气。《史记》记载，“其在塞外，卒乏粮，或不能自振，而骠骑尚穿域蹋鞠”[③]。安陵阪里公乘项处不遵从西汉名医淳于意的叮嘱，执意踢球，结果死于非命。《史记》记载，“处后蹴踘，要蹷寒，汗出多，即呕血。臣意复诊之，曰：‘当旦日日夕死。’即死”[④]。另外，文人墨客为了蹴鞠不惜笔砚。东汉李尤在《鞠城铭》中这样描述足球比赛：“圆鞠方墙，仿象阴阳。法月衡对，二六相当。建长立平，其例有常。不以亲疏，不有阿私。端心平意，莫怨其非。鞠政犹然，况乎执机。”[⑤]。东汉末年，蹴鞠也没有受到社会动荡的影响。《三国志》中记载，孔桂因通晓博弈、蹴鞠而深受曹操宠爱，“桂性便辟，晓博弈、蹹鞠，故太祖爱之，每在左右，出入随从”[⑥]。

3. 唐宋时期蓬勃

唐代时期，“蹴鞠”得到繁荣。首先，制作“蹴鞠”越发讲究。《初学记》记载，“古用毛纠结为之，今用皮，以胞为里，嘘气，闭而蹴之。或以韦为之，实以柔物，谓之毬子”[⑦]。即用动物膀胱充足气作为球胆，外面包上用八片皮革缝成的球皮。其次，开展“蹴鞠”越发创新。开始出现了竖立起来的球门，即在场地两端各竖立两根数丈高的竹竿，两竿间结网形成高高的球门。再次，诗文中也不乏对“蹴鞠”的描述。如李白的《古风·其四十六》中“斗鸡金宫里，蹴鞠瑶台边”。杜甫的《清明》中“十年蹴踘将雏远，万里秋

---

①[汉]司马迁. 史记·苏秦列传第九[M]. 北京：中华书局，2014：2741.
②[晋]葛洪. 西京杂记校注·卷第二·作新丰移旧社[M]. 北京：中华书局，2020：83.
③[汉]司马迁. 史记·卫将军骠骑列传第五十一[M]. 北京：中华书局，2014：3556.
④[汉]司马迁. 史记·扁鹊仓公列传第四十五[M]. 卷一百五. 北京：中华书局，2000：2161.
⑤[唐]欧阳询. 艺文类聚·卷五十四[M]. 上海：上海古籍出版社，1985：970.
⑥[晋]陈寿. 三国志·魏书·卷三·明帝纪第三[M] 北京：中华书局，2011：85.
⑦张玉书，等. 康熙字典：标点整理本[M] 上海：汉语大词典出版社，2002：543.

千习俗同”。宋代时期，“蹴鞠”得以广泛发展。每逢寒食、清明佳节，足球更是各界不可或缺的活动项目。陆游《春晚感事二首·其二》“寒食梁州十万家，秋千蹴鞠尚豪华”。北宋时期，著名词人柳永的兄长柳三复因会踢球而得到褒奖。《中山诗话》记载，“柳（三复）欲见晋公无由，会公蹴球后园，偶迸出，柳挟取之，因怀所业，戴球以见公。出书再拜者三，每拜，球起复于背膂幞头间，公乃笑而奇之，遂延于门下”①。南宋时期，民间出现了蹴鞠社团。《武林旧事》记载，“霍山行宫朝拜极盛，百戏竞集，如绯绿社（杂剧）、齐云社（蹴球）、遏云社（唱赚）、同文社（要词）……”②

这里，重点谈一下宋代时期“蹴鞠”的两种踢法。一种是用球门的比赛，叫“筑球”。比赛分两队队员，每队 12 或 16 人，以两根三丈长的长竿球门为准，分别站两边，竿上“杂采结络，留门一尺许”③。比赛开始前，先抓阄决定由哪支队伍先开球，一般是由一队“球头”（队长）开球，按一定顺序踢球，最后传给“球头”，由“球头”大脚射门。如果一次射门不过，撞网落下，由“竿网”接住，还可以再踢，再次射门。如果球落地即输一球。过球门后，对方接住球，也按一定顺序踢球，最后也由“球头”来射门。比赛以赢球数量多少来决定输赢。另一种则展示球技，叫“白打场户”。比赛为两人对抗或三四人甚至十人对踢。可以使用“拐”“搭”“臁”“肩”等踢法，“外脚踝踢”称为“拐”，“正脚面踢”称为“搭”，“小腿踢”称为“臁”，“上半身踢”称为“肩”。每一个部位踢球又有许多花样变化。比赛以所踢花样难度的高低来决定输赢。

4. 明清时期凋零

元代时期，除男子踢球外，女子也踢球，而且出现了男女对踢。关汉卿曾经写过两首描写女子踢球的散曲——《女校尉》和《蹴鞠》。明代时，蹴踘开始衰落。明太祖朱元璋为了防止军人因沉醉足球而涣散军心和斗志，特意于洪武二十二年下令，严格禁止军人踢球，违者砍脚。但明代足球运动仍然流行，并有一定程度的发展。汪云程在总结前人经验基础上写出《蹴鞠图谱》一书，详细叙述了唐、宋、元、明时期流行的蹴鞠踢法，是我国传世的最重要足球运动专著。无名氏的《戏毬场科范》，对唐以来的踢球技术也做过较为全面的总结。《蹴鞠图谱》与《戏毬场科范》的内容各有侧重，可相互补充，是研究中国古代足球运动的重要文献之一。由于清朝统治者对“蹴鞠”不感兴趣，有两千余年悠久历史的蹴鞠在中国一度销声匿迹，这是令中

① [宋] 刘攽. 中山诗话 [M]. 上海：上海古籍出版社，2003：270.
② [宋] 周密. 武林旧事 [M]. 杭州：杭州出版社，2004：301-302.
③ 孟元老. 二十四史·宋史·东京梦华录 [M]. 上海：上海辞书出版社，1980：243.

国人无比扼腕叹息的事情。与此形成鲜明对照的是，足球在西方却开展得如火如荼。

二、现代足球运动的起源与发展

足球于公元前四世纪即因古希腊马其顿国王亚历山大发动的战争而传入中东。以后传入罗马，发展成一种把球带到对方一端为胜的竞赛性游戏。接着，这种游戏又因战争传到法国，1066 年传入英国。1857 年，英国成立了第一个足球俱乐部——谢菲尔德足球俱乐部。1863 年 10 月 26 日，英格兰 11 个足球俱乐部的代表在伦敦举行会议，成立了第一个足球运动组织——英格兰足球协会。它的成立标志着世界足球运动进入了新阶段，人们把这一天称为现代足球的诞生日。这次会议上修改并制定了统一的足球竞赛规则。尽管规则只有 14 条，但它仍奠定了现代足球比赛规则的基础，推动了现代足球运动的发展。1863 年，英国人将足球传入非洲。1870 年足球进入大洋洲的澳大利亚。1872 年，英格兰足球协会开始举办优胜者杯赛，现代足球运动开始在英国广泛流行。1885 年，英格兰建立了世界上第一个职业足球俱乐部。在其影响下，奥地利、西班牙、意大利、匈牙利等国也纷纷效仿。1888 年，世界上第一个足球联赛在苏格兰举行。1893 年，南美洲首次开展足球联赛。1894 年，足球进入巴西。由于各球队相互间比赛、交流不断增加，迫切需要有一个国际性的足球机构来协调并组织活动。在这种形势下，由法国、瑞士、瑞典、比利时、西班牙、丹麦、荷兰等国家发起，于 1904 年 5 月 21 日在巴黎成立了“国际足球联合会”，简称国际足联（FIFA）。它是国际奥林匹克委员会的一个单项体育组织。从此，各国纷纷成立足球协会，国际足联会员国由原来的 7 个发展到目前的 211 个。

三、简述古代幼儿足球运动

1. 史料记载

《帝京景物略》是明代刘侗、于奕正共同撰写的一本游记性质的小品文集。《帝京景物略》中提到北京儿童踢足球的情景为：“是月（农历十二月），小儿及贱闲人以二石球置前，先一人踢一令远，一人随踢其一，再踢而及之，而中之为胜。一踢即着焉，即过焉，与再踢不及者，同为负也。再踢而过焉，则让先一人，随踢之。”[①]《燕京岁时记》中也描写了清代北京儿童踢石球运动：“十月以后，寒贱之子，琢石为球，以足蹴之，前后交击为胜。盖京师多寒，足指酸冻，儿童踢弄之，足以活血御寒，亦蹴鞠之类也。谨按《日下旧闻考》，踢球一事，自金元以来即有之，不自今日始矣。”[②]

---

① 刘侗，于奕正．帝京景物略·卷二·春场 [M]. 会稽陶及申手抄本，引自中华古籍资源库。
② 富察敦崇．燕京岁时记 [M]// 王碧滢，张勃，标点．燕京岁时记·外六种．北京：北京出版社，2018：107.

2. 开展方式

画在康熙青花瓷坛上的儿童蹴鞠画中，左边一个儿童的踢球姿势，就是北方人所称的“剪刀”式。“剪刀”就是两条腿交叉而踢的方法。因为儿童的足球直径较小，所以其踢法和踢毽子有相同的地方。宋代高承所撰的《事物纪原》中有云，“今时小儿以铅锡为钱，装以鸡羽，呼为鞬子，三五成群走踢，有里外廉、拖枪、耸膝、突肚、佛顶珠、剪刀拐子名色”①。这里所记载的儿童踢毽子的方法，完全可以适用到古代儿童的足球踢法里，而且从这些保存下来的画面来看，古代儿童足球的踢法也具备了上述踢法的特征。北京故宫博物院陶瓷馆里陈列的宋代陶枕上就绘有女子蹴鞠图，画中一个小女童双手背在身后，正在用双足轮番踢一个小如鸡蛋的足球，其踢法与男童的方法相似。

3. 意义与价值

首先，古代幼儿足球运动的意义价值在于健身。足球运动可以使之背直、腿直、气血通畅，在进行各种姿势的踢跳时，幼儿身体得到了最大程度的舒展，故可以起到预防“足指酸冻”“足以活血御寒”的作用。其次，古代幼儿足球运动的意义价值在于教育。足球活动除了可培养幼儿的运动技能之外，还可以培养合作意识与团队精神，使幼儿在快乐的氛围中，懂得与人和谐相处的道理。最后，古代幼儿足球运动的意义与价值在于生活。古代幼儿足球运动可以与舞蹈、歌曲相结合，如同像节令娱乐的古代幼儿跳绳活动那样，也可能起到驱邪避灾的作用。

第二节　幼儿足球的特点与作用

2020 年 8 月，教育部等 7 部门印发《全国青少年校园足球八大体系建设行动计划》，明确将校园足球普及重心下移，开展以培养兴趣为主的启蒙教育。2021 年 1 月，为进一步推进幼儿园足球工作，打造科学的幼儿园足球活动样板，提升全国幼儿园足球教育水平，全国青少年校园足球工作领导小组办公室公布了第一批全国足球特色幼儿园示范园名单，全国共有 450 所幼儿园入围，幼儿足球活动在全国幼儿园内全面开展起来。这标志着我国的幼儿足球教育进入了新时代。

显而易见，校园足球已提前到学前阶段。以足球为载体，帮助幼儿实现“熟悉足球，引发兴趣，促使全面和协调发展”的目标，将是今后一段时间内我国幼儿足球工作的

① 转引自：邓之诚．宋辽金夏之史 [M]. 北京：北京理工大学出版社，2018：559.

重中之重。幼儿足球教育从业者应当要学习掌握幼儿足球的特点与作用，搞清楚幼儿足球的三大特性、三大作用。三大特性包括身体特性、游戏特性、生活特性；三大作用包括塑造小勇士、塑造小谋士、塑造小绅士。

一、幼儿足球的特点

1. 身体特性：稚嫩双脚的表达

一般来说，“手在足球运动中差不多是多余的，而脚的作用则被发挥到极致，它盘球、颠球、传球、过人、射门必须像手一样灵敏自如，脚的功能日益退化之后已远远不如手灵敏好用，而足球就在于重新唤起人们对脚的价值的认识，对自身全面而不是畸形发展的一种提醒”①。刚接触足球的幼儿眼中没有“基本功”“争光”等字眼，而是用稚嫩的双脚去触碰陌生的足球、玩耍陌生的足球以及感受陌生的足球，只要是用稚嫩的双脚与陌生的足球产生的任何一丁点儿“化学反应”，都是一种非言语式的、身体式的“表达”，只要“表达”得高兴，就是下一次“表达”的约定，也是坚持下去的基础和动力。

2. 游戏特性：童年快乐的体验

“对于儿童来说，游戏是他们认识世界的方式，争吵、打闹、友谊、冷漠、竞争和规则等，都是游戏中所赋予的主题，儿童在游戏中检验自己、磨砺性情、学会交往、把握社会，游戏是儿童生活的遥控器”②。游戏最主要的目的是让孩子在游戏中成长。因为对于孩子来说，游戏就是他主要的活动方式，他的学习都是通过游戏而获得的，所以游戏是一种手段。在幼儿园开展足球运动的目的，不是说从现在就培养出多少个足球明星，而是让孩子们喜欢上足球，喜欢上运动。游戏就是孩子的生命，通过游戏来开展足球运动，让孩子们体验童年的快乐，远比足球训练更为有效。

3. 生活特性：五大领域的渗透

具备一定身体素养的幼儿在生活空间里，可凭借基本运动技能与运动经验，享受探索真实生活环境的无穷乐趣。“游戏拓宽了幼儿的生活半径，随之丰富了他们的生活经验”③。足球可以渗透到幼儿日常生活之中，能够与幼儿的健康、语言、社会、科学、艺术五个学习与发展领域目标结合，形成特有的“足球良方”。比如在健康领域，幼儿通过足球，形成“出汗脱衣，寒冷穿衣”的生活习惯与生活能力维度；在科学领域，科学探索足球场的基本图形，足球的运行轨迹；在艺术领域，感受与欣赏场地布置的

---

① 王干．青春忧郁［M］．南京：江苏人民出版社，2002：12-13.
② 刘欣然，张娟．生命的记忆：童年消逝的文化危机与身体教育的哲学拯救 [J]. 成都体育学院学报 .2021，47（4）：33-38.
③ 宁科，王庭照，万炳军．身体素养视域下幼儿体育的游戏化推进机制与发展路径 [J]. 北京体育大学学报，2021，44（8）：75-88.

美，以及动作展示的美；等等。幼儿对于足球的热爱可以有效地迁移至对于五大领域的积极态度，取代消极、被动以及刻板的学习。

二、幼儿足球的作用

1. 强身健体，造就小勇士

足球游戏涵盖了走、跑、跳、投、钻、爬等多项基本的身体动作，真正将户外体育游戏的娱乐性、运动性和教育性融为一体，为幼儿的发展服务。在足球游戏中，幼儿与球互动，体验带球、抢球、护球的乐趣，掌握足球的基本动作，遵循从无球到有球，循序渐进的原则。足球游戏能够增强幼儿的身体素质，进一步促进幼儿的身心健康发展。幼儿进行适量的足球运动，可以提高睡眠和饮食质量，促进生长发育。足球活动可有效改善幼儿呼吸系统的功能，在加强呼吸深度时培养有氧和无氧运动的能力。同时在足球活动中腿部不断运动，能促进新陈代谢和生长激素的分泌，促进血液循环，加速骨骼发育，强化腿部骨骼，提高关节灵活性，有助于全面提高幼儿的成长速度、力量和耐力、灵敏、爆发力、柔韧性等身体素质。幼儿时期有良好的身体素质，能够为幼儿未来学习和生活打下良好的基础，有利于幼儿健康快乐地成长。

2. 启迪心智，造就小谋士

在幼儿智能素质发展方面，足球运动能有效地培养幼儿的专注力、观察力、记忆力，培养幼儿思维的灵活性、想象力。首先，在进行足球活动时，幼儿要时刻注意足球的走向变化，并根据其走向变化做出相应反应。正所谓，“无球时全面观察、运球时抬头观察、停球前预先观察”①。研究表明，“足球活动干预时间与幼儿注意力稳定性水平呈正相关”②。其次，“足球活动能促进幼儿认知灵活性的发展”③。例如，幼儿可以利用“两个标志筒”（竖）和“一根标志杆”（横）搭成“门”字形的练习道具，利用该道具进行“双脚跳杆”“身体钻杆”“足球入杆”等活动。幼儿可充分发挥想象力，挖掘某一道具的多样功能，促进认知灵活性的发展。此外，足球运动的游戏性在培养幼儿积极心理品质方面，也具有独特的优势。研究表明，“儿童进入到游戏活动，意味着他们跳出实际的角色，进入到建构的人物角色上，从现实的焦虑与问题中摆脱出来”④。如“小小赛车手”，幼儿驾驶赛车（运球）依次穿越障碍，达到赛道终点。幼儿通过扮演赛车手这个游戏人物，积极参与，高度投入，从而提高积极心理体验，缓

---

① 刘丹．论足球运动员的观察能力 [J]. 中国体育科技，1987（11）：34-38.
② 刘春荣．足球活动对 4—5 岁幼儿注意力稳定性影响的实验研究 [D]. 成都：四川师范大学，2018：35.
③ 周芮，宋英哲．足球活动对 5—6 岁幼儿认知灵活性影响的实证研究 [C]. 第八届中国体育博士高层论坛论文汇编，2022：236-237.
④ 乌阿茹娜，许双双，李丹．游戏性：促进幼儿发展的积极心理品质 [J]. 学前教育研究，2019(6)：25-34.

解压力、消除消极心理。

3. 修养品德，造就小绅士

足球游戏作为一项体育运动，对幼儿思想品德发展具有积极的促进作用，主要体现在以下几个方面：第一，足球有利于培养幼儿体育道德意识。足球比赛具有鲜明的规则性和公平性，幼儿通过参与足球游戏而树立起公平竞赛、尊重对手、遵守规则的良好意识。第二，足球有利于培养幼儿体育精神。足球是一项运动量较大的球类运动，幼儿在参与过程中既可以逐步培养克服困难、大胆勇敢的坚韧品质，又可以形成合作意识和团队意识，增强集体荣誉感。参加足球活动的幼儿对自我价值感有稳定强烈的需要或渴望，幼儿需要通过自我价值的实现过程来获取本人或他人的尊重，证明自己的价值。在这个过程中，幼儿首先有安全的需要，包括人身安全、健康保障和道德保障。其次，在足球活动中，幼儿学会集体交流的技巧，并逐步融入集体、收获友谊，满足社交需要。再次，幼儿通过有效的学习，感受足球运动的快乐，获得自信心。

第二章

幼儿足球基本动作

第一节　幼儿足球基本动作的内涵

“动作”被认为是，“在一定的时间和空间下，肢体、躯干的肌肉、骨骼、关节协同活动的模式”[1]。在幼儿正处于生长发育的早期时，这些单一或者组合的“活动模式”便成为他们基础性动作阶段（2～7岁）的核心要素。一方面，动作发展得好不好，直接关系着幼儿能否顺利进行生活、学习活动。另一方面，作为幼儿足球活动内容开展的一切基础，幼儿足球基本动作的“教与学”必须在科学的指导下进行，从而确立幼儿在基础期和关键期的身体素质和足球素养，引导幼儿向“体格健康、全面发展”的未来发展。

综上，从业者应当要学习掌握幼儿足球基本动作的定义与内容，先搞清楚幼儿足球基本动作关于“身体哪些部位动、身体部位怎样动、身体部位往哪里动”的问题，再弄明白幼儿足球基本动作与动作技能之间的关系，最后掌握幼儿足球基本动作——颠球、停球、运球、传球的内容。唯有如此，我们才能从厘清幼儿足球与竞技足球的本质差异，从理解幼儿足球与中小学足球的内容差异等方面入手，认识到幼儿足球就是幼儿足球，它不应当是××足球的照搬套用，也不应是××足球的缩水减码，更不可以与××足球混为一谈。

一、幼儿足球基本动作的定义

幼儿足球基本动作是幼儿与足球亲近的一种基本能力，也是其进行足球活动的基础。总体而言，广义的幼儿足球基本动作是指幼儿在足球活动中，四肢和躯干的肌肉、

---

① Gray Cook. 动作——功能动作训练体系 [M]. 张英波，梁林，赵红波，译. 北京：北京体育大学出版社，2011：1.

骨骼、关节协同活动的模式的总和。它既包括无球动作的启动、转身等，也包括有球动作的停球、运球等。这里，我们主要谈论的是狭义的幼儿足球基本动作，它是指幼儿依据足球的运动轨迹，通过计算、选取、决定、实施等一系列环节，以双脚作为主要身体部位，完成触碰足球的方法。这类基本动作主要强调单一性、舒缓性、无对抗性的环境场景，教学要领主要注重肢体变化的顺序、身体外形的确立，比如根据较为稳定的足球运动轨迹，来进行较为定式的足球基本动作，较适合指导初级启蒙的幼儿足球活动。

二、幼儿足球基本动作与幼儿足球动作技能之间的关系

幼儿足球动作技能是幼儿能够从自主化到自动化地实施基本动作，完成足球活动任务的能力。它是复杂、完整、有目的性的动作系统工程。动作技能与基本动作的不同主要体现在以下方面。一是认知评估的自主。前面说到，幼儿足球基本动作需要通过计算、选取、决定、实施等一系列环节进行，而幼儿足球动作技能在这些环节之后还应该包括“反馈”和“调节”。二是适宜反应的自动。在做出评估后，幼儿能够整合与协调神经系统、肌肉系统和骨骼系统，通过双脚、双腿以及身体的变化，自动地将评估转化为反应，是幼儿完成足球活动任务的基本方式。比如幼儿在掌握基本动作的情况下，能够根据足球的速度、高度和自身力量等，找到如何合理控制足球的方法并成功执行相应方法。

第二节　幼儿足球基本动作的内容

基本动作是人们在日常生活和社会实践中都必须具备的走、跑、跳、投掷、平衡等最基本的身体活动技能。《幼儿园教育指导纲要（试行）》中提出：“开展丰富多彩的户外游戏和体育活动，培养幼儿参加体育活动的兴趣和习惯，增强体质，提高对环境的适应能力。”“用幼儿感兴趣的方式发展基本动作，提高动作的协调性、灵活性。”我们开展幼儿足球教学，就是要以幼儿身心发展特点为依据，紧密围绕幼儿足球基本动作这一核心要素来设计教学内容，采用相适应的教学方法，以达到良好的教学效果，即使幼儿的身体动作更为协调与灵活，使幼儿身体的运动能力得到全面提高。

因此，本书尝试从幼儿足球动作的教学逻辑、教学规律、教学设计和教学实施几个方面展开论述，主要内容包括：颠球、停球、运球、传球。幼儿足球基本动作是幼儿足球教学开展的基础单位和重要内容，将幼儿足球基本动作内容引入幼儿足球教学领域，可以有效提高幼儿足球教学开展的严谨性、功能性、实效性，有助于幼儿足球的科学化发展。

一、颠球

1. 感知球落

幼儿双手持球，放在胸前位置，准备好后松手，观察足球竖直下落的情形［图（1）～（4）］。待足球落地一次弹起后，用手接住弹起的足球，反复练习，帮助幼儿“感知球落”［图（5）～（8）］。需要提醒幼儿全身放松，眼睛观察球的运动轨迹，并鼓励幼儿尝试双手竖直向上抛球，高度甚至可以超过头部，感受足球竖直下落的情形，以此帮助幼儿体会不同力量作用下足球的下落，进一步感受出脚接球、击球、颠起球的时机。

（1）

（2）

（3）

（4）

（5）

（6）

（7）

（8）

图1 颠球动作——感知球落

2. 懂得脚接

下文在“感知球落”的基础上，以脚背正面颠球为例进行说明。幼儿的支撑腿膝关节微屈，身体重心转移到支撑脚上，当球落到膝关节以下时，颠球脚的膝踝关节适当放松，并柔和地向前上方甩动小腿，脚尖稍翘起，用脚背轻击球的底部，将球向上颠起，使球向内向上旋转，再用手接住（图2）。然后再抛、再击球、再接。如此重复，体会出脚的时机和用力的方向。开始时“击球一次、手接一次”，然后逐渐过渡到“击球二次、手接一次，击球三四次、手接一次”，直到最理想的状态——不借助手接进行练习。

3. 理解颠球

颠球注重球落脚接。通过颠球这种触球方式的练习，可以使幼儿的神经系统、肌

(1)

(2)

(3)

(4)

(5)

(6)

（7）

（8）

图 2　颠球动作——懂得脚接

肉系统和骨骼系统建立对足球的敏感性。不断地重复进行这种练习，可以使幼儿逐渐了解、熟悉、掌握足球在各种运动状态下的规律，逐步建立起良好的“球感”。熟练地掌握颠球技术，还可以确保幼儿在学习停球、运球、传球等技术时，产生良好的动作迁移。对于幼儿来说，颠球技术是“急不得、愁不来”的事情，它需要持之以恒、久久为功。对于教师来说，想方设法地完善与优化颠球的教学策略，使颠球不那么枯燥乏味，是亟需讨论与研究的课题。

二、停球

1. 感知球来

幼儿在学习停球动作前，首先要学会判断足球靠近自己身体时所表现出来的各种物理性质。例如，球的快慢速度，球的内外旋转，球的高低轨迹等等。与“感知球落”一样，“感知球来”同样需要幼儿具备良好的观察力。练习时，幼儿可以借助“反弹网”之类的器材，通过手抛球至“反弹网”这类器材上，根据足球反弹的情况，形成有关“感知球来”的思维基础，从而为“懂得脚获”提供有效的支持［图 3（1）～（8）］。

2. 懂得脚获

下文在“感知球来”的基础上，以脚内侧停地滚球为例进行说明。幼儿身体重心应放在支撑脚上，膝盖微屈，上体前倾，两臂自然张开以保持身体平衡，停球脚的脚尖与膝盖外摆，脚内侧正对来球方向，放在支撑脚的后面，待足球进一步靠近［图 3（9）～（16）］。对于幼儿而言，当足球接触脚时要特别注意放松脚及腿，尽可能地让足球的反弹力一点点减小，最后像一个悬挂的软物体一样，彻底“驯服”在自己的脚下。这种感觉就像幼儿经常玩的“吸盘黏球”一样，无论力量多大的球，都直接被吸盘表面的材质给牢牢吸住。

（1）

（2）

（3）

（4）

（5）

（6）

（7）

（8）

（9）

（10）

（11）

（12）

（13）

（14）

（15）

（16）

图 3　停球动作

3. 理解停球

停球注重球来脚获。“从运动生物力学的观点来讲，停球的实质是通过快速运动的球对肌体的碰撞，完成肌体对球的动量的接收，完成这种多项因素影响的能量接收时，同时参与了人体较为高级的运动形式”[①]。停球动作是足球教学内容的重要组成部分，是运球、传球等基本动作的基础。停球动作可以按照身体的部位和足球的轨迹来进行分类。按照停球的身体部位不同，停球可分为脚内侧停球、脚外侧停球、脚底停球等；按照足球的轨迹不同，可分为地滚球停球、低空球停球、反弹球停球等。由

① 赵厚华，陆仲元．利用模糊数学对足球停球教学训练的评定 [J]. 中国体育科技，1999（4）：30-32.

于幼儿年纪小，运动和认知能力较弱，因此在练习停球时容易出现错误。教师应当重视幼儿出现的问题，有针对性帮助幼儿完善动作。

三、运球

1. 感知球走

在没有障碍的情况下带球前进叫作运球。运球不是用脚踢球，而是用脚推球。这种推球的动作应该是在向前迈出的脚将要落地时进行（图 4）。一般情况下，幼儿运球时应当努力将足球控制在自己身体的周围，使足球与自己身体的距离保持不超过 2 米，这就是“感知球走”，同时“身不得远”，进而“懂得脚随”。运球动作对于幼儿的身心素质要求较高，尤其要求幼儿要有较强的“脚眼协调”能力。

（1）

（2）

（3）

（4）

（5）

（6）

（7）

（8）

图 4　运球动作——感知球走

2. 懂得脚随

下文在“感知球走”的基础上，以“脚背正面运球”为例进行说明。幼儿跑动时，身体自然放松，上体稍前倾，两臂自然摆动，步幅不宜过大，运球脚提起时，膝关节弯曲，脚跟提起，脚尖下指，在迈步前伸着地前，用脚背正面向前推球前进。这其中，要特别注意支撑脚踏地后蹬、运球脚前摆触球及运球脚踏地支撑这三个动作结构的递进关系（图 5）。因为，运球动作尽管有很多，但每一种动作都离不开跑动与推球。一开始，幼儿用脚推球，球向前滚动，并且越滚越远、越来越快。此时，尽管幼儿懂得去追逐球，但有可能出现“跑至球前、用手按住”等人球间距不统一的情况，这些都是“感知球走”不准确的表现，教师应当给予及时的关注。

(1)

(2)

(3)

(4)

(5)

(6)

（7）

（8）

图 5　运球动作——懂得脚随

3. 理解运球

运球注重球走脚随。前面说到，运球动作应当在向前迈出的脚将要落地时进行，这就是“懂得脚随”，即“脚随球动”。关于幼儿“脚随”应该怎么“随”，这里可以使用脚内侧、脚背内侧、脚背正面、脚背外侧等身体部位进行。“球动”的线路可以分为直线运球与曲线运球。直线运球一般用脚背正面及脚背外侧，曲线运球一般用脚内侧及脚背外侧。当然“球动”也可以分为地面与空中的“球动”，一般对于幼儿来说，还是以地面的“球动”为主。另外，在教授幼儿运球动作时，教师也要提醒幼儿养成一边运球一边抬头看的良好习惯，甚至有针对性地进行原地蒙眼运球尝试，让幼儿在缺少视觉刺激的情况下，进行“脚随”的感受与体验。

四、传球

1. 感知球定

为了提升幼儿的脚踝外展柔韧性，从而克服站位不正确的问题，教师应当首先引导幼儿进行原地击打固定足球的脚步练习[图6（1）～（8）]。幼儿以固定足球为中心，按照一套完整的传球基本动作：助跑、站位、摆腿、击球、收尾，进行练习。脚内侧传球由于脚部触球面积较大，适用于幼儿学习。以脚内侧传球为例，教师采用“丁字步（指支撑脚脚尖指向出球方向，踢球脚脚尖向左或右打开，双脚垂直）”练习，从而提高脚步的灵活性。

2. 懂得脚送

下文在“感知球定”的基础上，以“脚内侧传球”为例进行说明。幼儿直线助跑，支撑脚放在足球的侧后方 8 ～ 10 厘米，脚尖正对出球方向，支撑脚的膝关节稍屈，踢球腿向后摆动，膝盖外转，脚尖外摆，以脚内侧正对出球方向，脚腕紧张用力，脚底与地面平行，随之放松前摆，用脚内侧去推送球。踢球后，踢球脚顺势落地，支撑脚也向前移动，两臂自然摆动以保持身体平衡［图6（9）～（16）］。一开始，幼儿易犯的错误有：不按直线助跑，踢球时不正对出球方向，脚不是向前摆出，支撑脚距离足球过前或过后，等等。幼儿在学习各种传球动作之前，教师应将助跑、支撑脚的位置、踢球脚的摆动、踢球脚的部位以及上体和两臂的动作等进行分解教学，帮助幼儿形成关于传球动作的身体运动逻辑关系。

3. 理解传球

传球注重球定脚送。因为在足球活动中，幼儿终究要回归到团队中，而充分调动集体的力量、体现本队足球能力水平的手段之一，就是传球。教师应该要明白“到底

（1）

（2）

（3）

（4）

(5)

(6)

(7)

(8)

(9)

(10)

（11）

（12）

（13）

（14）

（15）

（16）

图6　传球动作

是人跑得快，还是球滚得快”的道理。传球是集体合作的基础，它是本方完成技战术配合、创造射门得分的主要手段，决定着团队成功与否的重要条件之一。即使在团队中，有个别孩子十分突出，但只有在整体的支持配合下，他们才能有效地发挥个人的天赋。遗憾的是，由于“个人打造”是一个单一工程，“团队建设”是一个系统工程，受“结果论”的影响，我们很多足球从业者往往“重个体轻整体”，这不利于幼儿足球的长远发展。

第三章
幼儿足球游戏活动的组织

第一节　幼儿足球游戏活动的组织原则

一、幼儿足球游戏活动的核心组织原则

幼儿足球游戏活动的组织原则是指活动主导者为实现幼儿足球游戏活动的有效教学职能、提高教学效率和实现教学目标而必须遵循的行为规范。幼儿足球游戏活动的组织者应通过内容和程序的设置体现足球游戏活动的功能，在具体实践中关注与足球游戏活动有关的环节和事项，事先有针对性地考虑各种可能出现的问题和情况，科学地安排足球游戏活动的项目，以实现预期目标，收到良好效果。基于上述理由，在开展幼儿足球游戏活动时，应当始终将教育性原则作为衡量活动组织的核心关键，突出其所具有的教育功能、提供的教育机会和体现的教育方法。

（一）幼儿足球游戏活动具有的教育功能

一是规范幼儿行为。幼儿足球游戏活动规则本身，如个体禁止用手触球、与他人相互合作、听从教师指挥等，有助于培育幼儿体育道德，从而进一步为幼儿遵守社会规范和伦理道德打好基础。二是养成幼儿优良品质。幼儿足球游戏活动内容遵循科学规律，引导幼儿参与其中，游戏中会面对失败与困难、胜利与荣誉，这对幼儿养成沉着、冷静、容忍、睿智的优良品质具有重要意义。三是促进幼儿个性发展。幼儿足球游戏活动融合了个人与集体的关系，既凸显幼儿个体独立自主的地位，又强调同伴认同、协同配合，激发创新能力和发展潜力。幼儿在与同伴的玩闹中成长与学习，个性得到了进一步的塑造与锻炼，参与社会活动的热情高涨，社会适应能力更强。

（二）幼儿足球游戏活动提供的教育机会

2020 年 8 月，教育部等七部门关于印发《全国青少年校园足球八大体系建设行动计划》的通知，明确指出校园足球工作重心下沉到幼儿园。这是更为广泛地为更多

幼儿提供接受幼儿足球教育机会的全面部署，对培养兴趣为主的幼儿足球启蒙教育具有重要意义。幼儿在足球游戏活动中获得可以享受乐趣、增强体质、健全人格、锤炼意志的教育机会，这些机会对幼儿的全面发展起着重要的作用。同时，幼儿足球游戏活动成为幼儿进行体育锻炼及开展体育生活的日常打开方式，是孩子们喜爱、热衷、受益的学习空间。幼儿的体育课程在这个学习空间中得到延伸与深化，幼儿也能从中得到不同的感受，形成对于健康知识、基本运动技能、专项运动技能新的认知。

（三）幼儿足球游戏活动的教育方法

幼儿足球游戏活动体现的主要教育方法就是游戏引导。幼儿足球游戏活动从最基本的走、跑、跳、投入手，让幼儿在游戏中掌握足球基本动作。幼儿处于学习阶段，是接受教育的对象。教育的理念和方法对完善活动的过程、提升活动的品质很有益处。幼儿足球游戏活动就是要以游戏引导的教学方法，让幼儿实现运动素质、足球素养及综合领域的协调发展，摒弃“只说教”，而是更重视“多融合”，把所教内容更多地融入设计的游戏活动中，让幼儿顺其自然地接触并接纳。

二、幼儿足球游戏活动的具体组织原则

幼儿足球游戏活动的具体组织原则是幼儿足球长期教学实践经验的总结和概括，反映着足球教学客观规律，其基本要求和准则必须贯穿幼儿足球游戏活动始末。随着幼儿足球教学实践的深入发展，幼儿足球教学认识的提高和教学经验的积累，幼儿足球游戏活动的组织原则也在进一步丰富和完善。教师熟练掌握和运用幼儿足球组织原则，有助于教学进程的顺畅、教学效果的提升、教学任务的完成。目前，我国推行的校园足球给足球教育带来了全新的观念，促使教育实践发生了重大的变化。在这种背景下，笔者尝试重构一套符合新时代教育思想、适于幼儿足球教学实践的组织原则，以期能引起同行对幼儿足球游戏活动组织原则的更多探讨。

（一）组织原则正确的指向：安全保护

1. 教师指导的安全保护

幼儿的骨骼、肌肉、关节以及控制和协调运动的神经系统尚未发育完善，运动的感知觉较差，动作的协调性差，反应不够灵敏，平衡能力弱，加上幼儿好动，认知水平低，缺乏运动经验，安全观念淡薄，对各种新颖的动作和运动器材都很好奇心，都想要尝试，比如看到足球就用脚踩上去，这样极易发生安全事故。因此，教师在组织开展足球教学时，应通过各种教育手段，使幼儿逐渐认识自己身体的主要器官及功能，知道足球活动应如何规范地进行，什么动作不能做，如果做了会怎么样，等等。当幼儿在体育活动中做出危险动作时，教师要及时进行保护并开展说服教育，使幼儿逐渐形成安全活动的意识和行为。幼儿只有认识到安全在足球运动中的重要性，才能在足球运动中对危险事项加以注意。

2. 硬件安排的安全保护

具有有利于幼儿身心健康的运动场地和足球器材等硬件设施是保障足球教学安全、高效进行的重要条件。首先，场地器材是造成幼儿发生运动伤害的重要因素，例如，不平整的地面常会导致幼儿扭伤踝关节；标志物摆放不合理会导致幼儿意外绊倒摔伤；幼儿园班级人数规模增加，但场地数量增幅有限，教学区域空间拥挤，也会导致意外伤害的发生；等等。其次，在选择幼儿足球时建议使用 3 号低弹足球，且应是中国足协等相关部门监制的合格产品，气压稍低于正常值。5 ～ 6 岁具有足球基本功的幼儿，可以适当选择 4 号球。此外，还要防止足球器材的破损以及锐物的暴露，比如用扁平的标志盘取代凸出的标志桶。

3. 衣鞋准备的安全保护

服装也是影响幼儿足球运动安全的一个重要因素。幼儿在参加足球运动时要穿着合身的服装，避免过大或者过小。过大的服装会影响幼儿行动，甚至出现磕绊的现象，影响幼儿的正常活动；过小的服装则会导致幼儿穿着不舒适。在参加足球运动时应当穿着运动服或者休闲服装，避免穿紧身服装，以免引起运动中的不适。同时，幼儿应当穿运动鞋与运动袜，不允许穿皮鞋、凉鞋等不适合足球运动的鞋子。幼儿也可以选择一些其他的保护。例如，在选择鞋子时，考虑到幼儿踝关节稳定性较差，应优先选择使用对脚踝、膝关节造成压力最小的 IC（平底）足球鞋，其次选用 TF（人工塑料场地）足球鞋，也就是俗称的碎钉足球鞋。鞋的材质不宜过硬，大小适宜，避免鞋号过大或过小造成踝关节受伤。

（二）组织原则明确的指向：趣味思考

1. 游戏名称的趣味思考

足球活动首先是一种游戏。游戏的名称既直接影响幼儿对足球教学的第一印象，也影响教师在筛选时对足球游戏的选择，明确的游戏名称既能够吸引幼儿的兴趣，又能非常直观地将游戏呈现给幼儿，还能方便教师进行游戏的选择。所以，不论是从幼儿接受的角度，还是从教师接受的角度，足球教学要想达到良好的效果，游戏的名称必须具备生动性和直观性相结合的特点，做到让人“一看就懂”。生动性，也是趣味性的一大体现，即名称不要太术语化，要日常化，甚至动画化，比如“翻山越岭”“飞鸽传书”等。直观性，即要求游戏名称和游戏活动方法相一致，直接反映游戏的做法，比如“怪物克星”“我是神射手”等。

2. 活动形式的趣味思考

足球活动以孩子喜欢的游戏形式来锻炼幼儿身体，培养幼儿良好品质，让幼儿在游戏中学习足球。所以，在游戏形式上要注重孩子的兴趣，将幼儿喜欢的民间游戏融入足球运动，改编成足球游戏，让幼儿在游戏中感受足球运动的快乐。在主题活动中渗透足球元素，让足球与主题活动相结合。收集关于足球运动的常识，参考国内幼儿园足球教材等相关资料，整理出适合幼儿的足球游戏形式。如“足球碰碰乐”改编自民间游戏“打弹珠”，在不改变原先游戏内容的前提下，加入射门带球元素，让孩子带球绕过障碍物，通过障碍物后以传球的方式把球带入洞，也可以以射门的方式去撞击其他的球，让游戏既好玩，又起到陶冶孩子性情、强健孩子体格的作用。

3. 教学内容的趣味思考

对动作要领的熟练掌握是足球教学中的难点。幼儿年龄小，理解能力有限，教师在教学过程中如使用专业术语讲解动作要领，一来不利于幼儿理解和掌握，二来枯燥单调的动作练习也使课堂缺乏乐趣。为使幼儿轻松愉快地掌握动作要领，教师应当将动作要领创编成音韵和谐、内容浅显、生动形象的趣味童谣，化繁为简，极大地调动幼儿参与的积极性和主动性，使其在轻松地掌握动作要领的同时，又愉悦了身心。比如“仓鼠抢米”这个游戏，可以创编童谣“仓鼠双脚跳楼梯，身体跳进米仓里，脚背外侧运大米，运回家里笑嘻嘻”。有了这样朗朗上口的童谣，幼儿参与的积极性空前高涨，一边念童谣，一边对照童谣练动作，很快掌握了脚背外侧直线运球的动作要领。

（三）组织原则准确的指向：情境创设

1.“故事”特征的情境创设

在足球教学中，教师可根据幼儿身心发展特点，结合足球活动的具体目标，创设充满故事情节的运动情境，借助材料的支持，让幼儿不知不觉地进入角色的扮演之中，主动地进行基本动作的练习，在充满趣味的环境中愉悦地进行锻炼。比如“加勒比海盗”游戏中，教师是船长，幼儿是海盗。海盗在甲板上自由带球，船长喊出四个船员的单词时所有海盗必须快速带球到相应的位置。熟练后，可增加难度，增加以下情境。擦甲板：不管是站立或者移动都使用脚内侧控制球。爬绳索：以最快速度双脚足尖交替踏上球。船长登船：尝试站在球上并向船长敬礼。在轻松愉快的游戏情境中，幼儿变被动运动为主动运动，既掌握了基本动作，达到了锻炼效果，又培养了孩子遇事不惊、勇敢细心的良好品质。

2.“材料”特征的情境创设

幼儿园里的足球教学活动环境不经常变化，一般固定在球场的固定区域，容易使幼儿产生厌倦情绪。如何让孩子们看不够、玩不厌，使球场像个魔术大世界一般吸引着他们，“材料”情境的创设尤为重要。幼儿对于足球的探索依赖一定的足球特色环境创设，幼儿对足球游戏活动中的事物、现象有强烈的好奇心，才能产生以环境和材料为依托的探索欲望和需求。在足球活动中，教师的作用就是支持幼儿积极主动地与材料有效互动，从中体验发现的乐趣，激发探究的欲望。比如在以球感为主题的教学课中，教师可以在既定的区域内，摆若干个标志杆、小跨栏，当幼儿运球到小跨栏时必须将足球挑起通过，或者使足球从小跨栏的下侧通过，遇到标志杆时要左右脚运球绕过等等。

3. “艺术”特征的情境创设

幼儿足球教学不应该只是技能学习，还应该有知识、情感的学习。教师善于以幼儿的想法与意愿为学习起点，为幼儿创设好奇、有趣、好玩的场景，将足球活动中相关的知识、技能、情感，以幼儿化的、最感性的、最具体的和最生动的形态加以呈现，让幼儿产生渴望学习的内驱力，使之乐于参与学习之中，从而有效地引发其同化、共鸣。比如，利用幼儿足球绘本故事《足球运动员威尔》，组织一次足球绘本教学。通过赏析，幼儿能够理解《足球运动员威尔》的故事内容，积极观察、想象以及讨论故事中足球运动员的形象，能够较清楚地涂画出自己对于“足球运动员”的理解。通过“艺术”情境准确的足球教学，幼儿同样能够在倾听、阅读、欣赏及创造等方面取得进步。

（四）组织原则精确的指向：领域迁移

1. 学习目标的领域迁移

幼儿足球的组织应当是根据《3～6岁儿童学习与发展指南》精神，把幼儿的健康、语言、社会、科学、艺术五个学习与发展领域的目标与幼儿足球教育的目标相互融合，设计幼儿足球游戏课程五个领域的目标。比如，在语言领域的学习目标为：使幼儿在室外足球游戏活动中能够认真听讲，听懂教师的常用语言，听不懂时能够主动提问，初步形成良好的学习习惯。在社会领域的学习目标为：在游戏和活动中，每一位幼儿都能够遵守游戏和比赛规则，通过规则的约束使幼儿逐步形成规范意识。在科学领域的学习目标为：使幼儿能够初步感知足球游戏活动中球门和球的数量、幼儿分组的人数、标志盘和标志筒的数量等数字的有用和有趣。

2. 课程内容的领域迁移

幼儿足球教学内容不仅仅包括基本动作和技术技能，还紧紧围绕五大领域的相互渗透来设置。由全国校足办公布的《全国足球特色幼儿园游戏活动指南》（以下简称《活动指南》）以32课时/学期，选定“体操”（6课时）、“舞蹈”（6课时）、“身体管理1”（4课时）、“身体管理2”（4课时）、“跑跳能力”（6课时）、“合作与解决问题”（6课时）作为6大教学基本主题，为小、中、大班分别设置上、下学期各18项学习内容，涵盖运控、传射、竞赛3大类，共计24种游戏化示例。《活动指南》除了教给幼儿踢球以外，还教育幼儿倾听和描绘运动故事（语言领域）、适应遵守规则（社会领域）、思考时间空间（科学领域）、感受运动美感（艺术领域），从而达到全面发展的教学目标。

3. 活动评价的领域迁移

幼儿足球教学评价既要体现基础运动能力、足球技术技能的教育价值和教学效果，也要体现《3～6岁儿童学习与发展指南》五大领域的目标和精神。幼儿足球教学的评价要有利于儿童学习与发展，实现对幼儿的全面素质教育，要紧密围绕儿童学习与发展的五个领域目标来进行评价，保障课程评价的全面性、系统性与可操作性。如教师在过程指引上，要善于创设情境，激发幼儿的求知欲望、好奇心与探索欲望，充分保障幼儿自主探究式学习的时间与空间。幼儿在活动表现上，对活动内容、环境、材料、方式有兴趣，会利用环境和材料资源学习，积极主动、专注地参与探索、操作、讨论、表述等活动过程，愿意与同伴分享经验、意见和感受，有需要时会与同伴合作。

幼儿足球游戏活动的组织就是要以身心全面发展为目标，以动作教学为主、知识教学为辅，兴趣先行，为幼儿终身体育打下坚实基础。

第二节　幼儿足球游戏活动的组织方法

一、幼儿足球游戏活动的组织方法

《幼儿园教育指导纲要（试行）》为幼儿园组织体育活动带来了全新的理念，它强调培养幼儿对运动的兴趣，用幼儿感兴趣的方式发展基本动作，让幼儿在自主活动的基础上，积累运动经验，体验运动乐趣。那么教师应如何开展幼儿足球游戏活动，让趣味性成为足球的灵魂，让幼儿在轻松、愉悦的活动中充分体验足球的快乐，促进幼儿身心健康，这是亟须解决的现实问题。所以，开展对幼儿足球游戏活动组织方法的研究，对于幼儿足球科学方法体系的发展以及教学效率的提高均有重要的意义，有助于从业者把繁杂散乱的方法置于一个统一体系。

因此，本书尝试从幼儿足球活动的教育阶段、组织要求、教学实例和现实情况展开论述，构建幼儿足球游戏活动的组织方法体系，以期将现有的幼儿足球游戏活动的组织方法尽可能详尽地收纳到该分类体系之中，从方法实践应用的角度准确区分不同阶段，反映组织方法之间的层次、关联和差异。

（一）泛化阶段（掌握）的组织方法：“说透、做准、看清”

1. 讲解法：言简意赅，通俗易懂

教师对足球基本动作的原理或要领进行讲解是开展幼儿足球活动最基本的方法。教师在传授知识、讲解动作要领及提示动作要点的过程中，易犯的错误是对于动作要领的分析讲得太多，重点不突出，使幼儿越听越没有耐心，不能收到应有的效果。所以，教师在讲解基本动作时，切忌长篇大论，要明确目的，做到语句简单明了，语言精练易懂，正确使用专业术语。可结合足球基本的特点和规律，运用简单明确的指令，使幼儿能够迅速理解、学习以及记忆讲解的内容。比如使用口诀讲解法。脚内侧踢地滚球的口诀为：“迎面来球到体前，判断球速是关键。立足支撑后侧边，摆腿击球莫等闲。”脚背正面运球的口诀为：“跑步自如不要急，立足后蹬是动力。推拨脚背要立起，轻重缓疾要适宜。”

2. 示范法：活泼生动，游刃有余

教师通过足球基本动作的演示，使幼儿直观地了解足球基本动作的现实形象、技术结构以及学习要领。活泼生动的动作示范可以引导幼儿进行积极的思维活动；正确优美的动作示范，也可以使幼儿在感知动作的现实形象过程中，理解动作的特点和结构，建立正确的概念。另外，游刃有余的示范还能释放出足球的魅力，震撼幼儿的心灵，使幼儿进一步对足球活动产生浓厚的好奇心、美感和兴趣，激起他们强烈的求知欲望。比如组织颠球、停球、运球、传球的各种踢法中，教师应对动作进行分解式示范，采用无球与有球两种示范方法，让儿童跟随示范进行模仿练习，并及时对错误动作进行纠正，让儿童形成正确的动作结构，并加深动作表象记忆。

3. 观察法：知情意行，统筹兼顾

教师要通过观察了解幼儿在足球教学中的表现，以进一步对幼儿进行指导。通过观察，教师可以获得幼儿的多方面信息，发现幼儿在足球活动中的行为偏差、特别需要、突出表现、精彩瞬间。在观察的过程中，为了不让幼儿受老师权威的影响，教师要灵活运用多种观察方法，达到了最佳观察效果。比如系统观察法，即有目的地对幼儿的教学行为、情节发展过程进行观察。观察幼儿最喜欢玩什么，不喜欢玩什么，再与幼儿分析讨论原因。比如在“双脚画图形”这个游戏中，有的幼儿还不能控制足球画成图形，为了改变现状，教师及时调整要画的图形，增加幼儿喜爱的图形，使幼儿能够按照兴趣、能力进行练习，待幼儿建立自信心以后，再接着完成其他图形，从而达成教学任务。

（二）分化阶段（改进）的组织方法：“分细、问对、塑正”

1. 分解法：细嚼慢咽，字斟句酌

幼儿进入分化阶段，教师开始针对足球的某一整套基本动作或复杂的单个动作进行教学。此时，教师应当运用分解法，将足球的某一整套动作分成几个部分或单个动作，或者将复杂的单个动作按照它的结构，合理地分成几个部分进行教学，然后过渡到讲解一套动作或单个的完整动作。这里，教师要善于抓住动作的主要矛盾和重点进行教学，帮助幼儿更快地改进动作。以运球的动作学习为例。运球技术动作千变万化，但每一种动作过程一般都包含“跑动”和“推拨球”两个环节，由“支撑脚踏地后蹬”、“运球脚前摆触球”和“运球脚踏地支撑”三个复杂的单个动作构成。所以教师在教学过程中，要逐一将三个复杂的单个动作进行分解。如“支撑脚踏地后蹬”，应细分为“跑动—踏地—摆脚—后蹬”等具体动作，先从原地动作教起，再转变成行进间的动作。

2. 提问法：学起于思，思源于疑

提问法是幼儿足球教学中经常运用的教学手段。教师通过提问，可以使幼儿明确目标，启发幼儿思维，加深幼儿对足球的理解，从而有效地完成教学任务，提高教学质量。提问时一定要遵循由浅入深、由易到难、从已知到未知、由具体到抽象、由感性到理性的认识规律。由于幼儿抽象思维能力差，更需要进行诱导性的、启发式的提问，问题的难度要适中。如果过难，幼儿百思不解，就会挫伤积极性。例如“小火车出发”游戏要求幼儿按照队列队形站好，每队从第 1 人开始，依照“1 钻、2 爬、3 滚”的规则，依次穿越 3 个障碍物，完成练习后循环进行。活动开始前，教师提问：“遇到障碍时，怎么躲避才能不碰到？”活动结束后，教师提问：“钻、爬、滚时，手臂怎样摆放、腿脚怎样摆放？”这些问题可以帮助幼儿逐步消除紧张情绪，减少多余、错误的动作。

3. 激励法：量体裁衣，运用自如

激励法是通过对某种思想和行为的肯定，使这些思想和行为得到强化和推广的一种教育方法。在组织幼儿足球活动时，教师要准确地根据幼儿的需要，通过施加强有力的鼓励性刺激，调动幼儿潜在的积极因素，并加以引导和强化，使其发生一系列良好的变化。如在“我与‘少克’储物过冬”游戏过程中，幼儿不敢尝试运球，担心与足球配合不好，手脚不协调等等。这时，教师不应责备他们，而应选择期待的言语激励他们：“小狗‘少克’（足球）在你的脚下，你是它的主人，你可以自由地控制它，相信你们一定会带回过冬需要的‘食物’（标志盘），大胆地来尝试吧。”在幼儿有进步时或可以勇敢参与某一项内容的学习时，教师可用“再努力下，你就会成功了”或“好样的，再来一次，你会做得更好”等激励的语言来鼓励他们。

（三）固化阶段（熟练）的组织方法：“织密、演好、提高”

1. 完整法：同音共律，相辅相成

幼儿进入固化阶段，教师开始针对整套动作或单个复杂动作不分部分地进行教学。这时，教师要进行全面讲解，完整地示范，幼儿要练习完整的基本动作。完整法与分解法在实际教学过程中，关系密切，相互联系。在这一阶段，教师要充分了解教学内容的特点和幼儿的学习能力，在幼儿基本掌握后就应将各个动作部分连接起来进行完整地练习，能不采用分解法的尽可能不采用分解法。如“玩具总动员”游戏，要求幼儿从一端的安全区运球到另外一端的安全区。在这个过程中会有 1 个“坏人”在中间捕捉“玩具”们，“玩具”被抓后，就会成为“坏人”一起抓其他的玩具。教师将游戏的发展过程，自始至终地完整示范，并观察幼儿，不轻易打断。

2. 展示法：井然有序，方言矩行

展示法是幼儿进入固化阶段后，在熟练知识与动作的基础上，将已有成果用适当的方式展现出来，从而检验效果的方法。展示是手段，提高才是目的。在幼儿足球活动的组织过程中，要通过幼儿学习成果的展示，最终实现幼儿的提高。对于教师来说，在准备初期要规范幼儿展示的习惯。展示时给予幼儿正面积极的评价。同时，展示要面向全体幼儿，让每一个孩子都有展示的机会。如“河流探险”游戏，幼儿按照队列队形站好，每队从第 1 人开始，依照“1 倒走独木桥（2 米长）、2 单脚跳河上石（4 块，每块间隔 50 厘米）”的规则，依次穿越障碍物。活动开始前，教师提出集体讨论：“倒走独木桥时，怎样才不会掉进河里，我来看看哪位小朋友身手矫健。”活动结束后，教师邀请表现优秀的小朋友进行展示。

3. 探究法：探赜索隐，钩深致远

探究法的目的是帮助幼儿考虑到以前没有考虑到的，认识到以前没有认识的一切事物。教师要树立“知识是幼儿主动探究的结果”的思想，加强对儿童创造性的培养。在组织幼儿足球活动时，要把课程与幼儿的实际生活联系起来，对探究活动进行科学的安排，给幼儿以充分的思考时间，让幼儿自己做出决定，使幼儿可以自由地表达和检验各种思想、信念和价值等。如足球绘本故事《魔术师威利》，幼儿按照上课开始时的队形坐好。由教师汇总、展示绘本中出现的“足球鞋”，让幼儿展开探究。幼儿按照“自由探究—细致探究—实物探究”的顺序，讨论“足球鞋”的构成。教师运用图文并茂的绘本引起幼儿对于“足球鞋”的兴趣，带领幼儿进一步拓展“足球鞋”的使用、保护等知识。

第四章

幼儿足球游戏活动的练习

第一节　幼儿足球游戏活动的练习原则

一、幼儿足球游戏活动的核心练习原则

幼儿足球游戏活动的练习原则要紧紧围绕使幼儿能够表现出练习足球的行为（身体姿势、练习轨迹及练习负荷等），认识到练习足球的过程（身体动作、形成技能及掌握方法等），初步形成参与练习足球的心理感受（想学、难学、想再试试及学会了等）的这一主线和准绳，进而形成有关幼儿足球游戏活动的主要内容和基本手段。基于此，笔者认为其核心练习原则是适应性原则，即师幼的相互适应、教师的主动适应及家校的持续适应。这一核心练习原则体现着师幼、家校通过足球游戏活动建立的适应与被适应的对立统一，并随之动态发展。

（一）适应性原则

1. 师幼的相互适应

首先，教师要适应幼儿的年龄阶段和学习经验。教师要了解对于 3 ～ 6 岁某一年龄段或是来自不同家庭的幼儿来说，怎样的足球游戏活动练习是安全、健康、有趣及可完成的。这就需要教师“诊断”幼儿知道哪些关于练习足球的方法、哪些方面有所欠缺，确定哪些练习目标已达到、哪些还没有达到，进而安排足球练习的内容，提供足球练习的方法，并观察练习的效果。其次，幼儿也应积极接受教师的指导，认真听教师讲授足球知识，回答教师提问，主动适应足球游戏活动，相信足球可以成为情感的寄托，教师可以成为心灵的依靠，在一步步接纳足球游戏活动过程中，完成“练习行为—认知活动—心理感受”这一进程，实现身心全面发展。

2. 教师的主动适应

教师在适应幼儿的年龄阶段和学习经验之后，了解到幼儿关于练习足球的知识、

经验、兴趣、需要、情绪及思维方式，总结出符合幼儿实际的足球练习方向、目标、内容、方法及评价等经验。此时，教师要适应教与练的意向趋近。教师应该主动去适应并运用这些能够促成教师的教与幼儿的练之间意向趋近的经验，做到知行合一。同时，教师更要适应教与练的意向离散。在练习中，时常会出现幼儿不受控制、不听劝说及不愿合作等教与练的冲突现象，教师要认识到，这也是促进幼儿足球游戏活动深化的动力。资深的教师会利用好“节上生枝”的练习事件，处理好幼儿的“个性挑战”，采取分组合作、角色扮演等方法，满足幼儿乐于交往、挑战及表现的天性。

3. 家校的持续适应

首先，家校要持续适应幼儿足球“玩”的本质。家长和幼儿园要始终明白幼儿足球的本质即游戏。进一步说，“足球作为教育内容是辅助于智育和德育的教育”①。家长和幼儿园对幼儿足球游戏活动进行评价，要基于其是否以足球游戏作为核心内容，循序渐进地帮助幼儿进行基本动作技能（走、跑、跳、投、踢）的认知与学习。同时，家校更要持续适应幼儿足球游戏活动“生活化”的艺术。家长和幼儿园要意识到幼儿足球游戏活动在语言、社会、科学及艺术领域对幼儿潜移默化的影响，树立“足球总是不停地‘进入幼儿的生活’，不停地帮助孩子成为更好的孩子”的理念，而非仅关注“人能跑多快，球能踢多远，颠球能颠几个，比赛能进几个球”等。

二、幼儿足球游戏活动的具体练习原则

幼儿通过足球练习，可以了解自己的身体，学会巧妙运用自己的身体，发展足球运动所必须的动作感觉。目前大部分幼儿足球教师只关注某项技术动作的讲解和示范，而忽视了练习原则的概括与总结。对于幼儿，特别是体质较弱、运动基础较差的幼儿而言，只有按照正确的练习原则勤加练习，才能切实掌握各项足球动作及技能。正确的练习原则是达到课堂效果的重要保证，也是提高幼儿运动自信的重要手段。“勤加练”只意味着较高的运动负荷和大量的运动实践，但我们更要“科学练”，在习得运动技能的同时，更要注重强健体魄和坚韧品格的锻造。

本书尝试从幼儿足球活动的练习理念、练习原则和现实情况展开论述，构建幼儿足球游戏活动的练习原则体系。本书幼儿足球练习原则的提出主要基于幼儿身体结构和生理技能尚未成熟、技术水平较低的实际，以期更好地发挥足球运动对幼儿身心健康、体质增强和全面发展的促进作用。

（一）练习原则正确的指向：循序渐进

1. 整体强度的循序渐进

3～6岁幼儿正处于生理发育的重要时期，适当的体育锻炼能够增强体质，有利

① 刘夫力．校园足球的基本概念与基本理念论析[J]. 北京体育大学学报，2018，41（9）：83-87.

于身体发育和未来发展，但幼儿足球游戏活动循序渐进，过大的运动强度会损害幼儿的身体机能。对于幼儿而言，运动心率应保持在 130 ～ 150 次 / 分为宜。如幼儿在 20 米速跑后，即刻心率可达 180 次 / 分；慢跑 1 分钟或做徒手操一套，心率在 140 次 / 分左右。显然前者运动强度大，后者小。由于技术设备有限，幼儿园教师在组织开展足球游戏活动时难以实时观测幼儿的心率数据。但幼儿园教师可以通过对幼儿面色、汗量、呼吸、精神、食欲、睡眠等多方面的综合性观察、分析，判断出运动负荷的大小及运动量合适与否。

2. 有球练习密度的循序渐进

练习密度是影响幼儿足球练习的重要因素，一般分为有球练习密度和无球练习密度。在幼儿足球练习中，如果运动强度较大，密度就应该相对减小；运动强度较小，密度可适当地增大。幼儿足球游戏时间一般应控制在 30 分钟左右，其中包含 10 分钟左右的无球练习时间，主要进行热身、基础运动能力练习等；而有球练习的密度一般在 30% ～ 50%（30% 为合格、40% 为良好、50% 为优秀），即幼儿足球游戏活动中应包括 9 ～ 15 分钟的有球练习时间。正所谓熟能生巧，足球技术有球练习的时间和触球次数同样也是影响幼儿足球技术学习效果的主要因素之一，所以练习密度的循序渐进，就是在总时长不变的情况下，逐渐调整和把握好幼儿反复、多次、长时间的触球练习密度，提高有效练习的比重，以达到更好、更快掌握足球技术的目的。

3. 技术难度的循序渐进

幼儿阶段是进行教育的启蒙阶段，在进行足球活动的时候，一定要遵循“由简到繁、由浅入深、由已知到未知，先练习单一技术，有条件的再练习组合技术”的原则。因为幼儿大肌肉动作还在不断的发展过程中，如果刚开始就安排难度较大的内容，幼儿很难对某些动作进行模仿，或者模仿极不准确，长此以往不仅会使他们丧失信心，还会使错误的动作定型，对幼儿以后参加足球游戏活动极为不利，甚至还会因为错误动作造成不可逆转的身体损伤。因此，在幼儿足球游戏活动过程中，教师要循序渐进地开展游戏教学。如“穿越电网”游戏，开始时可要求幼儿以踢一脚再追球的方式，快速绕过电网；后期再慢慢加大难度，改为规定触球次数。随着幼儿年龄的增长，再进一步加大难度，要求幼儿利用身体的协调性和灵敏性穿越电网，通过游戏的趣味性和竞争性让幼儿快乐地练习脚下的控球技术。

（二）练习原则明确的指向：动静结合

1. 准备活动的动静结合

“动”指的是动态，即身体活动。“静”指的是静态和静态下的思维活动。“动”与“静”是一对矛盾，它贯穿于足球练习的始终，两者相得益彰，缺一不可。练习足球前，幼儿要进行动静结合的准备活动，以提高中枢神经系统的兴奋性，克服内脏器官的惰性，提高神经系统对肌肉的协调指挥能力。准备活动的“动”，包括压腿后的踢腿练习、在压肩练习结束后进行肩绕环、抖手臂等动作。这样可保证肌肉良好的弹性，增加中枢神经系统对肌肉活动的调节能力。准备活动的“静”，既包括动静相结合的足球热身游戏，如“一二三木头人”“安全岛”等；也包括活动前对幼儿思维活动的训练，如引导幼儿仔细地环顾四周，思考“场地内摆放了哪些器材”“这些器材是用来做什么的”“和今天的练习有什么关系”等问题，以此导出活动主题以及活动所涉及的特定技术动作要求等，为接下来的教学活动做好铺垫。

2. 练习活动的动静结合

在足球练习活动中，同样需要动静交替。每个练习环节之间要有适度的放松休息，幼儿不能一直处于高度紧张的运动中。在学习足球技术结束后，教师可采用讨论的方式让幼儿进入短暂的休息状态，并进行适当的总结、引导和方法梳理，巩固幼儿通过自主探索获得的学习成果。练习过程在教师的掌控中，能够有张有弛，像波浪一样，一波又一波地把幼儿足球技术的学习推向高潮，让幼儿的身体得到最佳的锻炼。如教师组织幼儿进行直线运球、扣球转身活动时，利用提问“遇到障碍时，怎样控制球不被碰到；直线运球、扣球转身时，分别用什么部位触球”等的间歇，给予幼儿充分的休息时间。短暂休息时，一般不建议引导幼儿去饮水，或可准许幼儿少量饮水，但不能饮水过量，以防加剧心脏负荷或引起肠胃不适。

3. 放松活动的动静结合

在练习结束部分精心安排一些内容丰富、生动活泼、带有趣味性的放松练习，会使幼儿情绪兴奋、精神愉快，能使身体机能尽快地恢复到安静状态。放松活动的“动”是在进行放松活动时，进行身体放松。可以安排幼儿仰卧在软垫上，对练习过程中身体的主要活动部位——下肢，进行拉伸、抖颤、举腿等。运用这些手法能有针对性地使肢体加速血液循环，快速清除体内乳酸堆积，缓解肌肉酸痛，对尽快解除肌肉疲劳很有效果。放松活动的“静”是在“动”之后，进行心理放松。如可继续仰卧，双手平展，手脚打开，形成“大”字形。同时，闭眼默念“我感到周围的一切很宁静”“我好像看到远处美丽的景色，有山、有水，蓝天上飘着朵朵白云”等口诀，直到“好，睁开眼睛，我已完全放松了”。

（三）练习原则准确的指向：处变不惊

1. 擦伤挫伤时的处变不惊

擦伤是由于摔倒受地面的摩擦而造成的皮肤损伤。小面积的擦伤可用医用酒精或碘伏涂抹伤部。较严重的擦伤，首先要用生理盐水等清洗创面的污染物质，再涂抹消炎药物或用凡士林纱布覆盖伤口，然后用纱布绷带予以包扎或做保护圈。关节部位的擦伤要防止结痂，应涂上油脂性的消炎软膏加以包扎，同时要注意的是面部擦伤应避免涂抹有色素的药水。挫伤是冲撞、跌倒、踢伤等所致，属于闭合性软组织损伤，主要症状是皮下出血和肿胀。伤后 24 小时内，可采用局部制动、冷敷、加压包扎、抬高患肢等方法，严重挫伤要给予服用止痛药或跌打损伤药物。伤后 48 小时后给予解除包扎等，可进行按摩或理疗。在肿胀基本消除的情况下方可做一些轻微的活动，逐步转入正常活动，并可进行适应性的训练。

2. 扭伤拉伤时的处变不惊

扭伤是由于幼儿踢球时技术动作不正确或是比赛游戏时对方的蹬踩动作所致的软组织损伤。损伤部位常见于踝关节处。单纯的关节韧带扭伤可按软组织损伤进行处理，即停止活动、冷敷、涂抹药物、加压包扎；伤后 48 小时后可采用按摩和理疗等方法。扭伤痊愈后方能逐步参加练习，并采用保护性的措施，防止造成习惯性扭伤。拉伤通常是因准备活动不合理不充分，致使在活动中做突然快速用力动作时，肌肉过急过快收缩而造成的肌肉拉伤。如在急停、跳起时肌肉用力收缩并受到较大阻力，易发生主动拉伤。在加速冲刺、转身或改变动作时肌肉过度牵拉，易发生被动拉伤。轻微拉伤可采用冷敷、包扎固定、抬高患肢等方式处理；伤后 24 小时后，可采用按摩、热敷和理疗等手段。在伤后 2 ～ 4 周才能逐渐恢复活动。

3. 骨折脱位时的处变不惊

一般情况下，幼儿出现骨折或关节脱位，以上肢为主。因为幼儿在跌倒时未能立即采取有效的自我保护措施，肢体着地时，用手撑扶地面，使得向下的重力与地面对肢体向上的反作用力相互作用于肢体近端（相对于地面而言）而发生的严重损伤。虽然受伤部位并不是肢体与地面的接触处，但受到突然向上传递的间接暴力的作用，肢体的远端部位发生骨折或关节脱位的严重损伤。幼儿发生骨折或关节脱位时，首先应联系幼儿园医务人员，准备好固定所用的器材，固定伤肢，以减轻疼痛，避免加重软组织损伤。对于开放性骨折，应用清洁敷料覆盖伤口，加压包扎。固定包扎时，绷带的松紧度要适宜。在搬送至医院时要求动作迅速、正确、轻柔、避免震动，稍抬高患肢部位，担架要平稳舒适，以防止加重损伤。

（四）练习原则精确的指向：有始有终

1. 减少用手的有始有终

鉴于幼儿身心发育特征，一些教师认为，应该先从简单的手持足球、手抛球等用手来控制球的活动入手，让幼儿了解、感受足球。这种想法本身并没有错，但对于幼儿来说，这只能是一种简单易行的入门辅助，而并非专门内容。足球终究是一项主要用脚来控制球的运动，教师应该让儿童尽量用脚，而不是过多地用手来控制足球。一旦幼儿在练习足球时，有意识地先用手再用脚，并形成定式，将不利于接下来足球游戏的开展，还会将足球练习与篮球、排球的练习混淆，变成拍球、打球等等。所以，手控球可以作为一堂足球课的一个环节，放在课程前的游戏部分，调动幼儿积极性，或者通过幼儿、教师手抛球，来练习颠、停、运、传的足球技术，从而锻炼眼、手、脚协调能力与配合能力，但不可作为足球课的主要内容。

2. 避免用头的有始有终

2020 年 9 月，全国校园足球专家委员会和全国幼儿足球专家委员会审议通过包括禁止幼儿足球考级在内的 8 条全国幼儿足球活动负面清单，明确指出禁止幼儿进行足球的头球练习。对于幼儿来说，体格发育尚未完全，身体很多的条件与我们成人都不一样。例如，幼儿颅骨发育不成熟，硬度比成人小。练习头球恐引起颅脑损伤，从而影响注意力、记忆力和视力。避免头球伤害的最好办法就是在思想深处对头球的危害有足够的重视。另外，尽管在游戏活动中有可能不练习头球，但是仍不排除出现足球误踢到幼儿头部的可能，所以也要提醒幼儿注意避让，逐步形成要保护太阳穴或者后脑勺等部位的意识。

3. 脚身结合的有始有终

足球主要以脚控制球，但也并不是完全只用脚控制球。我们在开展幼儿足球练习时，要避免功利化倾向，只把幼儿用脚控制足球的能力作为唯一衡量标准。而要引导幼儿把足球当作朋友，愿意尝试与足球进行近距离的“亲密接触”；运用游戏使足球轨迹遍及幼儿肩膀、腹部、背部、大腿、小腿，甚至是臀部；让幼儿感受足球与身体不同部位的“交流沟通”，生成属于自己独特的“足球密码”，并朝着人球合一的状态去发展等。这是幼儿足球从业者应该努力的方向。如果早期就强调“脚控球，要得分”，结果是只能培养出知其然而不知其所以然的执行者。

第二节　幼儿足球游戏活动的练习方法

足球运动简单来讲，是一种游戏，本身并不代表科学，但在练习中应尊重科学。踢球并不复杂，不要将其神秘化、理论化、绝对化和复杂化。对于足球的练习，要让幼儿在愉快的环境中，理解、掌握足球运动的规律，顺其自然地发展和塑造他们的足球技能和创造力。另外，如何使足球在幼儿阶段留下受益终生的火种，也需要一个长期、系统、具体的过程。幼儿的成长有其自身的规律，只有了解并尊重规律才能制定出有效的练习计划，才能有的放矢地进行练习。所以，开展幼儿足球练习方法的研究旨在摒弃急功近利思想，遵循幼儿身心发展规律，提升从业者业务能力。

笔者尝试从幼儿足球活动的练习阶段、练习要求、练习实例和现实情况几个方面入手，构建一套使幼儿比较轻松、在身体承受能力上留有余地，寓教于乐，简单易行，尊重规律，尊重科学的练习方法，从而进一步达成首要使他们身心正常自然发展，次要使他们技、战术能力顺利发展的幼儿足球练习目标。

一、热身练习法

1. 集体分组：尊重差异

集体分组是开展足球游戏活动的主要途径，正确的集体分组有助于幼儿在足球热身活动营造的快乐愉悦氛围中健康成长。分组方式一般包括以语言提示、性别区分、随机方式及游戏标识 4 种。如以“2 人 1 球数字相加”的语言指示为指令，幼儿迅速组成 4 人 2 球、8 人 4 球等小组，不在小组中的人被淘汰。又如游戏“闪转腾挪”，按照男女生性别综合分组，每队从第 1 人开始，依照“1 跳跃障碍物、2 用脚停球传回”的规则，依次在上下方形成的“足球封锁线”中闪转腾挪，完成练习后循环进行。又如在“老虎尾巴”的游戏中，以“老虎尾巴”的游戏标识，按照 4 名猎人 8 只老虎的角色分配，老虎背后有一条尾巴，猎人要取到尾巴，老虎要以快速跑开、转身躲避遮挡等方式来保护自己的尾巴，以规定时间内取得尾巴多者获胜。

2. 热身游戏：前后呼应

一般来讲，热身游戏的目标是，根据练习主题设计热身活动，在活动中体现幼儿的自由发挥。热身游戏区别于传统的、简单的、通用的拉伸运动、伸展运动等，是紧扣主题、有针对性的专项热身活动。如基本部分是以“跳跃障碍物 + 直线运控球”为主题的“仓鼠抢米”游戏，其热身游戏应当以“正向跳、背身跳、自由跳”为主，依次穿越障碍物，完成练习。需要确定的是，热身游戏不仅仅能促使幼儿心脏、血液和肌肉、关节、韧带等各部位逐渐转入兴奋状态，更重要的是能为下一步基本部分的主题练习做好充分准备，使幼儿形成始终紧扣主题进行练习的规范及定式，提高练习专注度，集中注意力，发展对练习内容思考的敏锐感觉，进一步缓解幼儿对于基本部分的心理压力和练习困难。

3. 导出主题：一脉相连

热身游戏后，教师提出问题，通过师生讨论的形式导出练习主题是热身练习法的终极目标。比如在“披荆斩棘”活动中，技术手段是要求幼儿“倒走独木桥、单脚跳河上石、钻爬小山洞”。在导出主题前，可先设置“走独木桥”环节，依照“跑步、走独木桥、折返”的规则依次完成；再设置“河流探险”，依照“跑步、单脚跳河上石、折返”的规则依次完成，同时可安排幼儿进行比赛。这种热身活动通过游戏规则、场地等的变化，呈递进式地增加练习强度和难度，迫使幼儿提高身体适应能力，学会合作、赞美同伴，使练习主题一下子就凸显出来了。同时，幼儿也逐渐发现本次练习的主题和热身游戏时出现的问题，思考应对策略。如此一来，幼儿足球热身练习法就赋予了幼儿与游戏之间新的意义。

二、协调练习法

1. 无球协调：身轻如燕

无球协调性练习是利用绳梯、步法圈、小栏架、跳绳等器械，运用单个器械或器械的组合来训练身体协调性的方法。《全国足球特色幼儿园游戏活动指南》中设置了体操、舞蹈、身体管理 1、身体管理 2、跑跳能力、合作与解决问题共计 6 大主题，每一项主题都涵盖幼儿协调性练习，足以证明协调性练习对于幼儿的重要性。上文提到的"走独木桥"—"河流探险"—"披荆斩棘"就涉及幼儿身体协调性练习。足球活动中的变速跑、突起、急停及转身，都离不开身体的协调。协调练习一般作为热身游戏的一种，穿插在整个游戏活动中，用来激发幼儿对足球学习的兴趣，开发幼儿的智力，培养幼儿的意志品质。

2. 有球协调：人球适应

任何复杂多变的足球技术动作都需要轻松有韵律感地去完成，有球协调能够反过来发展幼儿的身体素质和能力，进而培养其协调性能力。在足球这个运动项目里，想要高质量地完成许多技术动作，依赖于姿势的稳定性也就是平衡能力。而平衡能力取决于姿态静力性反射和随意调节能力，以及内感觉校正能力。在足球练习中，应注重这方面的练习。如在"足球脚面住"游戏中，幼儿尝试用脚面与小腿部位形成的夹角处，按照"自己摆放—他人摆放—空中弹地夹住"的顺序，依次进行夹停球练习，训练自身良好的空间感觉和空间定向能力。在这个过程中，幼儿要选择和调整好自己的体位，上下肢协同配合，妥当控制住下肢动作，做到既准确轻柔，又协调合理。教师也要鼓励幼儿自己去尝试，发明创造新的有球协调练习。

3. 综合协调：运筹帷幄

无球也好，有球也罢，尽管每项练习主题侧重点不同，但可以同时练习多种协调技能。因为各种协调能力相互联系，在实际应用中，没有哪种协调能力会单独起作用。综合协调就是结合无球协调、有球协调，对幼儿进行包括上、下肢，左、右下肢，脚与眼，脚与耳，位移与非位移，粗放与精细等一系列动作形式的协调训练，逐步形成简单反射动作协调，进而形成基本－基础动作协调，继而形成感知觉－肢体动作协调。如"我是神射手"游戏中，幼儿分为 AB 两组，在距离出发点 10 米处摆放一个小球门，球门前设置一个 4 米 ×4 米的射门区。双方同时出发，运球至射门区域射门，最先完成进球的获胜。射门后的球员到对方阵营中排队轮换。熟练后，可增加难度（如运控球时限制触碰球的次数，教师上前抢球等）。

三、游戏与比赛练习法

1. 主题游戏赛：深度体验

游戏与比赛练习法是在幼儿熟悉热身练习法、协调练习法，并形成一定经验之后采用的深层次练习方法。其中，主题游戏赛作为游戏与比赛练习法的基本方法，应当应用于每一次幼儿足球游戏活动之中。这对于提高幼儿兴趣和积极性，发挥其主观能动性，提高其身体机能和运动技能，具有十分重要的意义。它是幼儿足球游戏活动中热身练习、协调练习的难度升级，也是达成幼儿足球游戏终极目标的重要手段，处于幼儿足球游戏活动的核心地位。如《怪物克星》，运球者被分为人类（多）和怪物（少），怪物要追赶上并通过轻拍使带球者中毒，被怪物感染结冰病毒的带球者必须双腿分开、将球举在头上原地站立。在规定时间内，中毒的人最多的一组怪物获胜。这就是热身练习“老虎尾巴”、协调练习“脚背内外侧运控球”的难度升级。

2. 游戏过渡赛：固化技术

游戏过渡赛是 3 ～ 5 人制的小场地比赛，但与正式对抗赛有所区别。它是主题游戏赛和正式对抗赛的桥梁和纽带，目标主要是把主题游戏赛中幼儿练习的足球技能逐步迁移到小场地正式对抗赛中，从而进一步检验本节课的练习效果，考察幼儿是否能够在比赛中将先前所学运用出来。在此阶段，教师应尽可能引导幼儿用心体会，按照主题练习思路和要求来进行游戏过渡赛。游戏过渡赛一般针对处于固化阶段的幼儿，因其已较熟练地掌握了足球技术，便于此练习法的实施。如把主题游戏赛中“直线运球、扣球转身”这个技术迁移到游戏过渡赛，按照运用此技术成功一次得 3 分，射进球门一次得 1 分的杠杆调节，凸显主题技术的针对性，以鼓励幼儿多尝试所练技术，呈现运用效果。

3. 正式对抗赛：转向竞技

正式对抗赛一般是采用正规的 5 人制足球比赛形式，这也是幼儿足球展示体能、技能成效的最高平台。正式对抗赛由于空间有限，人员密度大，球运行时间短，攻守转换频繁，能有效地巩固和强化幼儿的各种脚法，培养灵敏的反应能力和细腻的技术技巧。正式对抗比赛法，从客观上为幼儿造就了球场上更多的前场、中场、后场的抗争机会，比起单一的跑路线等战术训练、运控球等技术训练，无疑更有利于培养幼儿实战本领。然而，正式对抗赛的练习强度要大于主题游戏赛、游戏过渡赛，故幼儿时期不宜过多采用正式对抗赛。家庭、学校、社会更要清楚地认识到，幼儿足球的目标是体现幼儿与足球在场上、场下结合的紧密度，而不培养竞技足球后备军，所以还是要慎用、巧用、活用此练习法，避免出现不良效果。

第五章
幼儿足球游戏活动案例

第一节　运动素质游戏活动案例

一、按下慢放键、快进键（小班）

课程名称	按下慢放键、快进键				
教学内容	1.慢速跑、快速跑 2.游戏："黏脚"的足球				
教学目标	1.学习慢速跑、快速跑动作方法，训练幼儿有节奏地跑步，培养其速度素质 2.通过学习，使幼儿能够熟练掌握慢速跑、快速跑的基本动作，发展幼儿上肢与下肢的协调配合能力，为促进其灵敏素质的发展打下基础 3.激发幼儿基本运动技能潜力，为其更好地运控足球做好技能储备				
部分	时间	课程内容	课程过程	课程组织	练习强度
开始部分	2分钟	一、确定上课站位、幼儿朝向 二、教师整队并清点人数 三、师生问好 四、检查着装，询问幼儿身体状况 五、说明本节课内容，提出相应要求	教法： 1.教师引导幼儿站队并提出要求 2.教师询问幼儿当天身体情况，检查服装 3.教师宣布本节课内容，幼儿认真听讲 要求： 教师口令清晰，声音洪亮；幼儿站队快、静、齐	基本队形： 	小

续表

准备部分	4 分钟	六、热身活动 七、热身游戏：结冰 幼儿分散在场地上，自由做走、跑动作练习，教师有规律地从 1 数到 10，当数到 10 的时候,老师说："结冰！"全体幼儿就不动了。老师说："冰化了！"幼儿散开继续自由做动作，如此重复游戏	教法： 1. 幼儿在教师的带领下，完成"头部—上肢—下肢—放松"的热身操 2. 教师讲解热身游戏玩法 3. 幼儿在教师的引导下，完成"慢走—快走—慢跑—快跑—静止—运动"的动作 要求： 1. 教师讲解简明，幼儿积极参加游戏 2. 教师要注意碰撞的预防与处置	游戏队形：  游戏区域：  10 米 ×10 米	中
基本部分	7 分钟	八、运动素质练习：慢、快机器人 幼儿按照队列队形站好，每队从第 1 人开始，依照"去时慢跑、回时快跑"的规则，依次完成去时直线慢跑—绕过障碍★—返回时直线快跑，然后到队尾排队，循环进行。熟练后，可进行接力比赛。游戏时可适当播放音乐	教法： 1. 教师讲解慢速跑、快速跑动作要领，幼儿认真观察 2. 教师带领幼儿原地做前后摆臂动作，并示范正确的跑动路线 3. 分组练习，教师口令指示，幼儿依次完成练习 要求： 1. 活动开始前，教师提出问题供集体讨论："遇到障碍时，怎么绕过才能不碰到？" 2. 活动结束后，教师提出问题供集体讨论："慢速跑、快速跑时手臂应怎样、腿脚应怎样、呼吸应怎样调整？" 3. 幼儿认真听讲，主动回答讨论问题 4. 幼儿学会赞扬同伴、对手的表现，学会与同伴配合	基本队形： 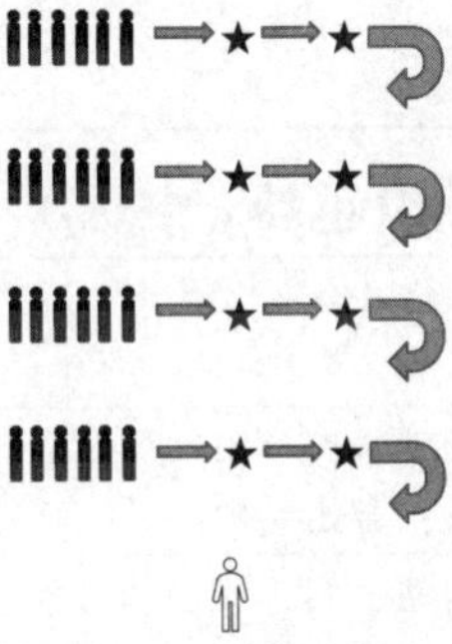	中

续表

基本部分	9分钟	九、游戏：“黏脚”的足球 幼儿按照上组练习队列队形站好，每队从第1人开始，依照“前2慢速跑、后2快速跑”的规则，依次在每1个足球处完成“前2双脚脚底踩球共4下—后2双脚内侧拨球4下”，完成练习后循环进行。熟练后，可进行接力比赛	教法： 1. 教师讲解踩球、拨球动作要领，幼儿认真观察 2. 教师带领幼儿原地做模拟动作，并示范正确的跑动路线 3. 分组练习，教师口令指示，幼儿依次完成练习 要求： 1. 活动开始前，教师提出集体讨论：“怎样才能让足球‘黏脚’？” 2. 幼儿认真听讲，主动回答问题	基本队形： 	中
结束部分	3分钟	十、集合整队 十一、放松练习 十二、教师小结 十三、整理器材 十四、师生再见	教法： 1. 教师引导幼儿放松 2. 教师回顾本节课程 3. 教师点评表扬幼儿 4. 安排幼儿整理器材 5. 提出期待下次再见	基本队形： 	小
场地器材	足球场一片；3号足球30个，标志服30件，标志盘20个，音箱1个				

二、翻山越岭(中班)

课程名称	翻山越岭				
教学内容	1. 巩固钻、爬、滚动作 2. 游戏：翻山越岭				
教学目标	1. 巩固钻、爬、滚动作方法，使幼儿能够灵活运用钻、爬、滚技术 2. 通过学习，发展幼儿上肢与下肢的协调配合的能力，为其灵敏素质的发展打下基础 3. 激发幼儿基本运动技能潜力，为其在足球活动中能更好地进行身体对抗，做好技能储备				
部分	时间	课程内容	课程过程	课程组织	练习强度
开始部分	2分钟	一、确定上课站位、幼儿朝向 二、教师整队并清点人数 三、师生问好 四、检查着装，询问幼儿身体状况 五、说明本节课内容，提出相应要求	教法： 1. 教师引导幼儿站队并提出要求 2. 教师询问幼儿当天身体情况，检查服装 3. 教师宣布本节课内容，幼儿认真听讲 要求： 教师口令清晰，声音洪亮；幼儿站队快、静、齐	基本队形： 	小

续表

准备部分	4分钟	六、热身活动 七、热身游戏：小兔快跑 幼儿分散地趴在场地上饰演小兔子，教师饰演猎人。教师有规律地数1～10，当数到10的时候，老师说：“猎人来啦！”同时，教师捡起身边的呼啦圈，去套住幼儿，幼儿采取钻、爬、滚等动作躲避呼啦圈。当幼儿集体数到10的时候，游戏结束。如此重复游戏	教法： 1. 幼儿在教师的带领下，完成“头部—上肢—下肢—放松”的热身操 2. 教师讲解热身游戏玩法 3. 幼儿在教师的引导下，完成“趴—钻—爬—滚—爬—钻—爬—滚”的动作 要求： 1. 教师讲解简明，幼儿积极参加游戏 2. 教师要注意幼儿皮肤磕破、擦伤等事件的预防与处置	游戏区域：  10米 ×10米	中
基本部分	9分钟	八、运动素质练习：小火车出发 幼儿按照队列队形站好，每队从第1人开始，依照“1钻、2爬、3滚”的规则，依次穿越3个障碍物，完成练习后循环进行。熟练后，可进行接力比赛。游戏时可适当播放音乐	教法： 1. 教师讲解钻、爬、滚动作要领，幼儿认真观察 2. 教师示范正确的活动路线 3. 分组练习，教师口令指示，幼儿依次完成练习 要求： 1. 活动开始前，教师提出集体讨论：“遇到障碍时，怎么躲避才能不碰到？” 2. 活动结束后，教师提出集体讨论：“钻、爬、滚时手臂应怎样摆放、腿脚应怎样摆放？” 3. 幼儿认真听讲，主动回答问题 4. 幼儿学会赞扬同伴、对手的表现，学会与同伴配合	基本队形： 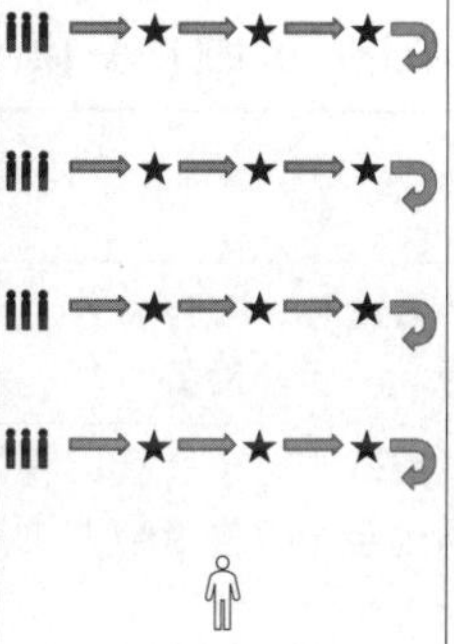	中
	12分钟	九、游戏：翻山越岭 幼儿按照上组练习队列队形站好，每队从第1人开始，前半部分依照上组练习的规则完成，然后拿球，运用脚背外侧运控球绕过后面2个标志物	教法： 1. 教师讲解脚背外侧运控球动作要领，幼儿认真观察 2. 教师带领幼儿原地做模拟动作，并示范正确的游戏路线 3. 分组练习，教师口令指示，幼儿依次完成练习	基本队形： 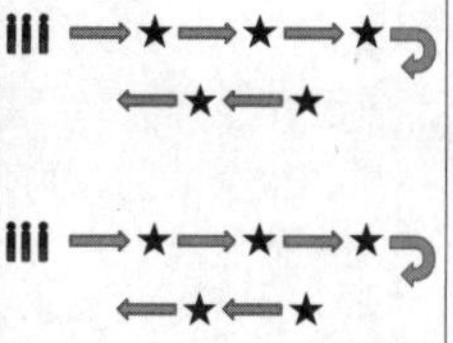	中

续表

基本部分	12分钟	返回起点。完成练习后循环进行。熟练后，可进行接力比赛	要求： 1. 活动开始前，教师提出集体讨论：“谁能说一说快速完成空手上山、山顶取球、带球下山这三个步骤的诀窍。” 2. 幼儿认真听讲，主动回答问题 3. 幼儿在运用钻、滚、爬动作与运控球的动作时，肢体协调，行动灵敏	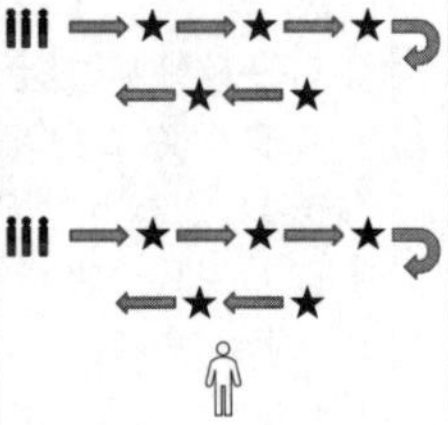	中
结束部分	3分钟	十、集合整队 十一、放松练习 十二、教师小结 十三、整理器材 十四、师生再见	教法： 1. 教师引导幼儿放松 2. 教师回顾本节课程 3. 教师点评表扬幼儿 4. 安排幼儿整理器材 5. 提出期待下次再见	基本队形： 	小
场地器材	足球场一片；3 号足球 30 个，标志服 30 件，标志盘 20 个，呼啦圈 10 个，音箱 1 个				

三、闪转腾挪（大班）

课程名称	闪转腾挪				
教学内容	1. 巩固跳跃、投掷动作 2. 游戏：闪转腾挪				
教学目标	1. 巩固幼儿关于跳跃、投掷的动作，使幼儿能够灵活运用跳跃、投掷技术 2. 通过学习，发展幼儿上肢与下肢的协调配合能力，为其力量、灵敏素质的发展打下基础 3. 激发幼儿基本运动技能潜力，为其在足球活动中能更好地进行身体对抗，做好技能储备				
部分	时间	课程内容	课程过程	课程组织	练习强度
开始部分	2分钟	一、确定上课站位、幼儿朝向 二、教师整队并清点人数 三、师生问好 四、检查着装，询问幼儿身体状况 五、说明本节课内容，提出相应要求	教法： 1. 教师引导幼儿站队并提出要求 2. 教师询问幼儿当天身体情况，检查服装 3. 教师宣布本节课内容，幼儿认真听讲 要求： 教师口令清晰，声音洪亮；幼儿站队快、静、齐	基本队形： 	小

续表

准备部分	4分钟	六、热身活动 七、热身游戏：烫手山芋 队形按纵队开始，一名幼儿向上抛足球。同时，随机喊同队其他幼儿的名字。被喊到名字的幼儿判断好球的运行轨迹，尽快接到球，继续重复抛足球。如接球人未接到球，则惩罚原地跳跃5下，由前一抛球者再抛球，重新开始游戏	教法： 1.幼儿在教师的带领下，完成“头部—上肢—下肢—放松”的热身操 2.教师讲解热身游戏玩法 3.幼儿在教师的引导下，完成“抛—跑—接—跳—抛—跑—接—跳”的动作 要求： 1.教师讲解简明，幼儿积极参加游戏 2.教师要注意幼儿皮肤磕破、擦伤等事件的预防与处置	游戏区域：  10米×10米	中
基本部分	14分钟	八、运动素质练习：穿越封锁 幼儿按照队列队形站好，每队从第1人开始，依照“1跳跃躲避—2接球投回—3自由选择”的规则，依次穿越上下方形成的“足球封锁线”，完成练习后循环进行。熟练后，可进行接力比赛。游戏时可适当播放音乐	教法： 1.教师讲解跳跃、投掷动作要领，幼儿认真观察 2.教师示范正确的活动路线 3.分组练习，教师口令指示，幼儿依次完成练习 要求： 1.活动开始前，教师提出集体讨论：“遇到球来时，怎么躲避才能不碰到？” 2.活动结束后，教师提出集体讨论：“当球来的时候，什么情况下应该选择跳跃躲避，什么情况下应该选择接球投回？” 3.幼儿认真听讲，主动回答讨论问题 4.幼儿学会赞扬同伴、对手的表现，学会与同伴配合	基本队形： 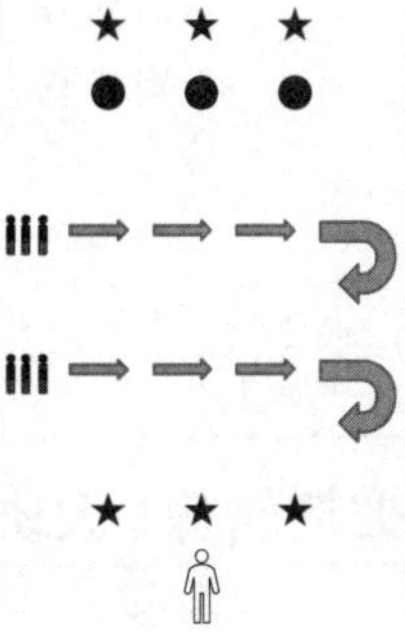	中

续表

基本部分	12分钟	九、游戏：闪转腾挪 幼儿按照上组练习队列队形站好，每队从第1人开始，依照“1跳跃障碍物—2用脚停球传回”的规则，依次在上下方形成的“足球封锁线”中闪转腾挪，完成练习后循环进行。熟练后，可进行接力比赛	教法： 1. 教师讲解脚内侧运停球、脚内侧传球动作要领，幼儿认真观察 2. 教师带领幼儿原地做模拟动作，并示范正确的游戏路线 3. 分组练习，教师口令指示，幼儿依次完成练习 要求： 1. 活动开始前，教师提出集体讨论：“谁能说一说跳跃障碍物、用脚停球传回这两个步骤的诀窍？” 2. 幼儿认真听讲，主动回答问题 3. 幼儿在运用跳跃动作与停、传球的动作时，肢体协调，行动灵敏	基本队形： 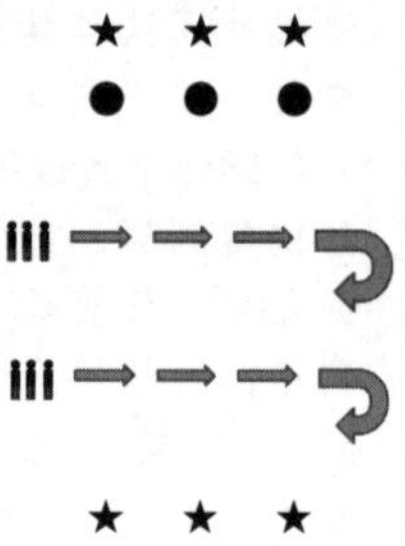	中
结束部分	3分钟	十、集合整队 十一、放松练习 十二、教师小结 十三、整理器材 十四、师生再见	教法： 1. 教师引导幼儿放松 2. 教师回顾本节课程 3. 教师点评表扬幼儿 4. 安排幼儿整理器材 5. 提出期待下次再见	基本队形： 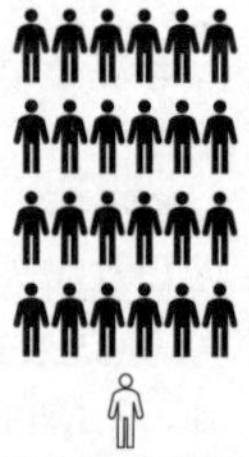	小
场地器材		足球场一片；3号足球30个，标志服30件，标志盘20个，障碍低栏架10个，音箱1个			

四、披荆斩棘（大班）

课程名称	披荆斩棘
教学内容	1. 巩固前三次运动素质课程的动作 2. 游戏：披荆斩棘
教学目标	1. 巩固前三次运动素质课程的动作，使幼儿能够灵活运用基本运动动作 2. 通过学习，发展幼儿上肢与下肢的协调配合能力 3. 激发幼儿基本运动技能潜力，为其今后更好地掌握足球技术，做好技能储备

续表

部分	时间	课程内容	课程过程	课程组织	练习强度
开始部分	2分钟	一、确定上课站位、幼儿朝向 二、教师整队并清点人数 三、师生问好 四、检查着装，询问幼儿身体状况 五、说明本节课内容，提出相应要求	教法： 1. 教师引导幼儿站队并提出要求 2. 教师询问幼儿当天身体情况，检查服装 3. 教师宣布本节课内容，幼儿认真听讲 要求： 教师口令清晰，声音洪亮；幼儿站队快、静、齐	基本队形： 	小
准备部分	4分钟	六、热身活动 七、热身游戏：走独木桥 幼儿按照队列队形站好，每队从第1人开始，依照“跑步、走独木桥、折返”的规则，依次完成，完成练习后循环进行。游戏时可适当播放音乐	教法： 1. 幼儿在教师的带领下，完成“头部—上肢—下肢—放松”的热身操 2. 教师讲解热身游戏玩法 3. 幼儿在教师的引导下，完成“跑—走—跑”的动作 要求： 1. 教师讲解简明，幼儿积极参加游戏 2. 教师要注意幼儿皮肤磕破、擦伤等事件的预防与处置	基本队形： 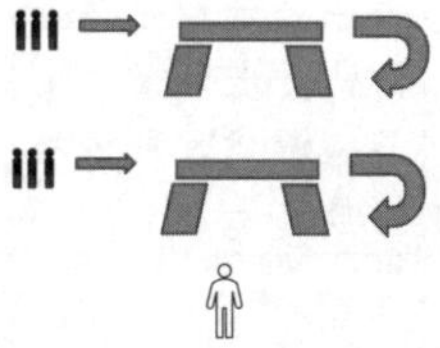 游戏区域：  10 米 ×10 米	中
基本部分	14分钟	八、运动素质练习：河流探险 幼儿按照队列队形站好，每队从第1人开始，依照“1 倒走独木桥（2 米长）—2 单脚跳河上石（4 块，每块间隔 50 厘米）”的规则，依次穿越障碍物，完成练习后循环进行。熟练后，可进行接力比赛。游戏时可适当播放音乐	教法： 1. 教师讲解动作要领，幼儿认真观察 2. 教师示范正确的活动路线 3. 分组练习，教师口令指示，幼儿依次完成练习 要求： 1. 活动开始前，教师提出集体讨论：“倒走‘独木桥’时，怎样才不会掉进‘河’里？” 2. 活动结束后，教师提出集体讨论：“跳河上石时，手臂怎样带动、腿脚怎样运动？” 3. 幼儿认真听讲，主动回答问题 4. 幼儿学会赞扬同伴、对手的表现，学会与同伴配合	基本队形： 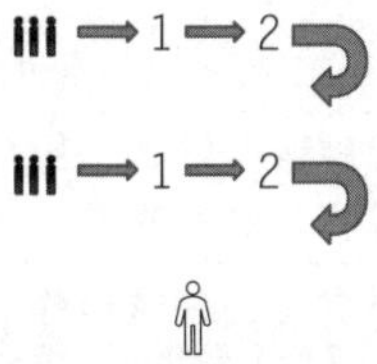	中

续表

基本部分	12分钟	九、游戏：披荆斩棘 幼儿按照上组练习队列队形站好，每队从第1人开始，依照“1倒走独木桥（2米长）—2单脚跳河上石（4块，每块间隔50厘米）—3钻爬小山洞（书桌2张，纵置相连摆放）”的规则，依次穿越障碍物，完成练习后循环进行。熟练后，可进行接力比赛。游戏时可适当播放音乐	教法： 1. 教师讲解动作要领，幼儿认真观察 2. 教师带领幼儿原地做模拟动作，并示范正确的游戏路线 3. 分组练习，教师口令指示，幼儿依次完成练习 要求： 1. 活动开始前，教师提出集体讨论：“谁能说一说‘钻爬小山洞’的诀窍？” 2. 幼儿认真听讲，主动回答问题 3. 幼儿在运用相关动作时，肢体协调，行动灵敏	基本队形： 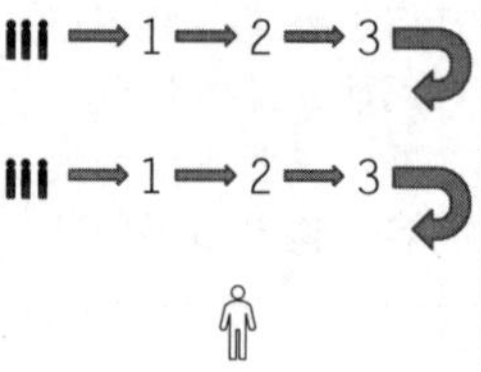	中
结束部分	3分钟	十、集合整队 十一、放松练习 十二、教师小结 十三、整理器材 十四、师生再见	教法： 1. 教师引导幼儿放松 2. 教师回顾本节课程 3. 教师点评表扬幼儿 4. 安排幼儿整理器材 5. 提出期待下次再见	基本队形： 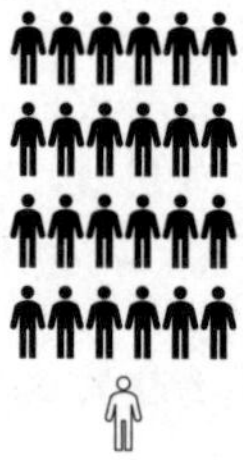	小
场地器材	足球场一片；标志服30件，标志盘20个，软式独木桥模型4个，小型地垫20块，书桌8张，音箱1个				

第二节　足球素养游戏活动案例

一、双脚画图形（小班）

课程名称	双脚画图形
教学内容	1. 学习脚面夹停球，复习脚内侧运球 2. 游戏：双脚画图形
教学目标	1. 学习脚面夹停球动作，复习脚内侧运球的动作方法，使幼儿进一步熟练掌握运控球基本技术 2. 通过复习，使幼儿熟练掌握双脚运控球的基本动作，并且初步具备合理运用基本动作的能力 3. 通过练习，培养幼儿专注认真、勇敢果断的优良品质

续表

部分	时间	课程内容	课程过程	课程组织	练习强度
开始部分	2分钟	一、确定上课站位、幼儿朝向 二、教师整队并清点人数 三、师生问好 四、检查着装，询问幼儿身体状况 五、说明本节课内容，提出相应要求	教法： 1.教师引导幼儿站队并提出要求 2.教师询问幼儿当天身体情况，检查服装 3.教师宣布本节课内容，幼儿认真听讲 要求： 教师口令清晰，声音洪亮；幼儿站队快、静、齐	基本队形： 	小
准备部分	4分钟	六、热身活动 七、热身游戏：人球合一 1人1球，队形如右图所示。幼儿尝试用除双手以外的任一身体部位停住球，如在“脚面与小腿、后颈与后背、大腿后侧与小腿后侧”等部位形成的夹角处。教师按照每名幼儿相同动作的完成时间长短来记录幼儿水平。游戏时可适当播放音乐	教法： 1.幼儿在教师的带领下，完成“头部—上肢—下肢—放松”的热身操 2.教师讲解热身游戏玩法 3.幼儿在教师的引导下，依次完成指定动作 要求： 1.教师讲解简明，幼儿积极参加游戏 2.教师要注意幼儿被球碰撞事件的预防与处置	游戏队形： 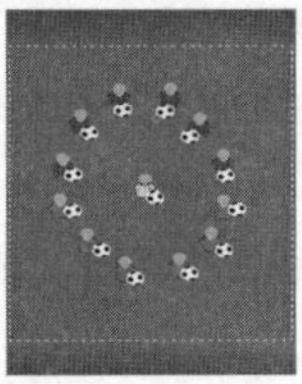	中
基本部分	7分钟	八、足球素养练习：脚面夹停球 1人1球，队形与上组练习相同。幼儿尝试用“脚面与小腿”部位形成的夹角处，按照“自己摆放—他人摆放—空中弹地夹住”的顺序，依次进行夹停球练习	教法： 1.教师讲解脚面夹停球动作要领，幼儿认真观察 2.分组练习，教师口令指示，幼儿依次完成练习 要求： 1.活动开始前，教师提出集体讨论：“怎样才能用小脚吸石将球吸住？” 2.幼儿认真听讲，主动回答问题 3.幼儿学会赞美同伴	基本脚法：  脚面夹停球	中

续表

基本部分	9分钟	九、游戏：双脚画图形 幼儿按照右图队列队形站好，每队从第1人开始，依照“正方形—长方形—三角形—圆形—梯形”的顺序，依次运用脚（“画笔”）内侧运球技术，绕过由长绳建构成的图形（“画板”），用“画笔”在“画板”上“画”出图形	教法： 1. 教师讲解脚内侧运球动作要领，强调运用左、右脚的脚内侧运球；幼儿认真观察 2. 教师示范正确的游戏路线 3. 分组练习，教师口令指示，幼儿依次完成练习 要求： 1. 活动结束后，教师提出集体讨论：“你描线最快的是哪个图形，为什么？” 2. 幼儿认真听讲，主动回答问题 3. 幼儿能够正确运用运球脚法	基本队形： 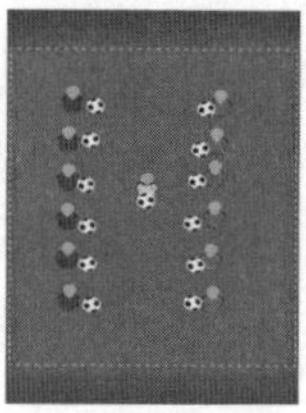	大
结束部分	3分钟	十、集合整队 十一、放松练习 十二、教师小结 十三、整理器材 十四、师生再见	教法： 1. 教师引导幼儿放松 2. 教师回顾本节课程 3. 教师点评表扬幼儿 4. 安排幼儿整理器材 5. 提出期待下次再见	基本队形： 	小
场地器材	足球场一片；3号足球30个，标志服30件，标志盘20个，标志筒20个，跳绳30副，音箱1个				

二、怪物克星（中班）

课程名称	怪物克星				
教学内容	1. 复习脚背外侧、脚内侧运控球 2. 游戏：怪物克星				
教学目标	1. 复习脚背外侧、脚内侧运控球的动作方法，使幼儿进一步熟练掌握运控球基本技术 2. 通过复习，使幼儿熟练掌握双脚运控球的基本动作，并且初步具备合理运用基本动作的能力 3. 通过练习，培养幼儿专注认真、勇敢果断的优良品质				
部分	时间	课程内容	课程过程	课程组织	练习强度
开始部分	2分钟	一、确定上课站位、幼儿朝向 二、教师整队并清点人数 三、师生问好 四、检查着装，询问幼儿身体状况 五、说明本节课内容，提出相应要求	教法： 1. 教师引导幼儿站队并提出要求 2. 教师询问幼儿当天身体情况，检查服装 3. 教师宣布本节课内容，幼儿认真听讲 要求： 教师口令清晰，声音洪亮；幼儿站队快、静、齐	基本队形： 	小

续表

准备部分	5分钟	六、热身活动 七、热身游戏：老虎尾巴 幼儿穿上老虎服装扮成“老虎”，每只“老虎”短裤背后都塞了一条尾巴。“老虎”偷到尾巴后，要将尾巴加到自己的短裤后面。“老虎”要通过快速跑开、转身躲避遮挡来保护自己的尾巴。比赛计时结束时，看哪只“老虎”的尾巴最多。游戏时可适当播放音乐	教法： 1.幼儿在教师的带领下，完成“头部—上肢—下肢—放松”的热身操 2.教师讲解热身游戏玩法 3.幼儿在教师的引导下，依次完成指定动作 要求： 1.教师讲解简明，幼儿积极参加游戏 2.教师要注意幼儿相互碰撞事件的预防与处置	游戏队形： 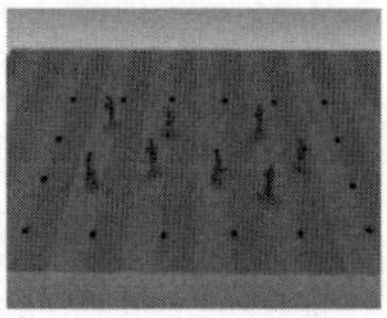 25 米 ×20 米	中
基本部分	8分钟	八、足球素养练习：脚背外侧、脚内侧运控球 在参照上组游戏规则的情况下，每人一球，让幼儿在带球的同时去偷尾巴。尾巴被偷的“老虎”就得离开规定场地，直到剩下最后一只老虎再开始下一轮	教法： 1.教师讲解控球动作要领，幼儿认真观察 2.分组练习，教师口令指示，幼儿依次完成练习 要求： 1.活动开始前，教师提出集体讨论：“小‘老虎’要如何观察、变速、变向？” 2.幼儿认真听讲，主动回答问题	游戏队形： 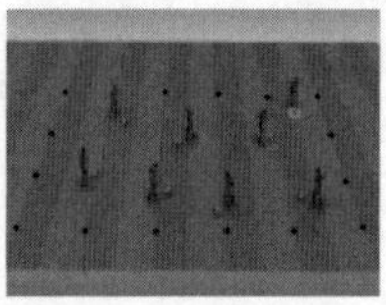 25 米 ×20 米	中
	12分钟	九、游戏：怪物克星 区域内5名运球球员是人类，2名运球球员扮演“怪物”。人类必须在区域内无规则运球，并且远离“怪物”。“怪物”要追赶上人类并通过轻拍使其“中毒”。被“怪物”感染结冰病毒的带球队员必须双腿分开、将球举在头上原地站立。计时3分钟（或者其他限定时间），使人类中毒最多的一组“怪物”获胜。或者在最短时间内冰冻住所有人的一组“怪物”获胜。每组游戏时间3分钟，休息间隔1分钟	教法： 1.教师示范正确的游戏路线 2.教师提醒幼儿紧密地运球，保持对球的控制 3.分组练习，教师口令指示，幼儿依次完成练习 要求： 1.活动开始后，教师要告诉孩子：还有多少时间，比分是多少 2.幼儿要正确运用技术动作，精准将球运回	基本队形： 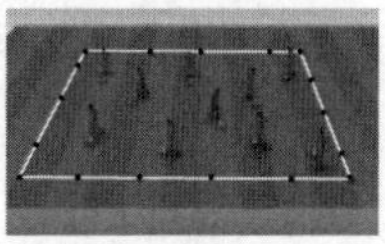 15 米 ×30 米	大

续表

结束部分	3分钟	十、集合整队 十一、放松练习 十二、教师小结 十三、整理器材 十四、师生再见	教法： 1. 教师引导幼儿放松 2. 教师回顾本节课程 3. 教师点评表扬幼儿 4. 安排幼儿整理器材 5. 提出期待下次再见	基本队形： 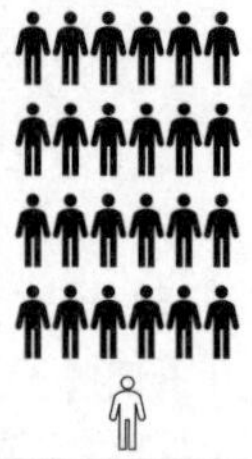	小
场地器材	足球场一片；3号足球30个，标志服30件，标志盘20个，标志筒20个，尾巴道具30个，音箱1个				

三、储物过冬（中班）

课程名称	储物过冬				
教学内容	1. 围绕标志物运控球 2. 游戏：我与“少克”储物过冬				
教学目标	1. 复习直线运控球、变向运控球的动作方法，使幼儿进一步熟练掌握运控球基本技术 2. 通过复习，使幼儿熟练掌握双脚运控球的基本动作，并且初步具备合理运用基本动作的能力 3. 通过练习，培养幼儿敢于表现自我、关心爱护同伴的优良品质				
部分	时间	课程内容	课程过程	课程组织	练习强度
开始部分	2分钟	一、确定上课站位、幼儿朝向 二、教师整队并清点人数 三、师生问好 四、检查着装，询问幼儿身体状况 五、说明本节课内容，提出相应要求	教法： 1. 教师引导幼儿站队并提出要求 2. 教师询问幼儿当天身体情况，检查服装 3. 教师宣布本节课内容，幼儿认真听讲 要求： 教师口令清晰，声音洪亮；幼儿站队快、静、齐	基本队形： 	小
准备部分	5分钟	六、热身活动 七、热身游戏：安全岛 幼儿分散在外侧大圆，自由做运球动作练习，教师有规律地从1数到10，当数到10的时候，老师说：“龙卷风来了！”全体幼儿迅速运球到内侧小圆即“安全岛”集合，踩住球。老师说：“龙卷风走了！”幼儿散开继续自由做运球动作，如此重复游戏	教法： 1. 幼儿在教师的带领下，完成“头部—上肢—下肢—放松”的热身操 2. 教师讲解热身游戏玩法 3. 幼儿在教师的引导下，完成“运控球—踩球—运控球—踩球”的动作 要求： 1. 教师讲解简明，幼儿积极参加游戏 2. 教师要注意碰撞事件的预防与处置	游戏队形： 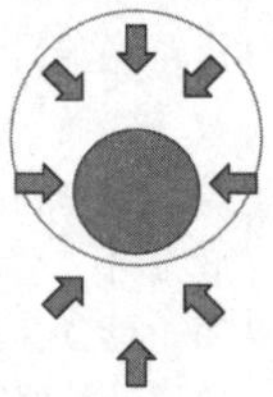 游戏区域： 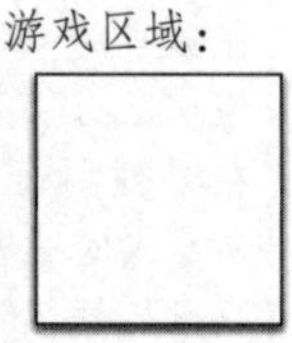 10米×10米	中

续表

基本部分	8分钟	八、足球素养练习：直线运球、扣球转身 幼儿按照队列队形站好，每队从第1人开始，依次“直线运球—扣球转身—直线运回”，完成练习后循环进行。熟练后，可进行接力比赛	教法： 1. 教师讲解直线运球、扣球转身动作要领，幼儿认真观察 2. 教师示范正确的运控球路线 3. 分组练习，教师口令指示，幼儿依次完成练习 要求： 1. 活动开始前，教师提出集体讨论：“遇到障碍时，怎样控制球不碰到它？” 2. 活动结束后，教师提出集体讨论：“直线运球、扣球转身时，分别用什么部位触球？” 3. 幼儿认真听讲，主动回答问题 4. 幼儿学会赞扬同伴的表现	基本队形：  基本脚法：  脚背外侧运球  脚内侧扣球	中
	12分钟	九、游戏：我与“少克”储物过冬 幼儿按照上组练习队列队形站好，每队从第1人开始，依照“家—通往森林的小路—松子树—通往森林深处的小溪—榛子树—爬越回家的小山”的顺序，运控球绕场地1圈，途中用手捡起“松子树”“榛子树”周围的“食物”拿回家，完成练习后循环进行。熟练后，可进行接力比赛，最快将规定数量的“食物”带回家的队伍获胜	教法： 1. 教师讲解运控球动作要领，强调运用脚背外侧直线运球，脚内侧变向控球，但不可强求。幼儿认真观察 2. 教师带领幼儿原地做模拟动作，并示范正确的游戏路线 3. 分组练习，教师口令指示，幼儿依次完成练习 要求： 1. 活动开始前，教师提出集体讨论：“怎样才能与小狗‘少克’配合好，手脚并用快速地完成任务？” 2. 幼儿认真听讲，主动回答问题 3. 幼儿能够正确运用运控球脚法，使得足球“如影随形” 4. 幼儿学会与同伴配合	基本队形： 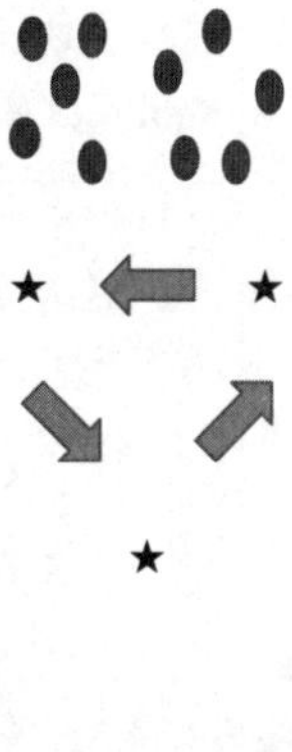	中

续表

结束部分	3分钟	十、集合整队 十一、放松练习 十二、教师小结 十三、整理器材 十四、师生再见	教法： 1. 教师引导幼儿放松 2. 教师回顾本节课程 3. 教师点评表扬幼儿 4. 安排幼儿整理器材 5. 提出期待下次再见	基本队形： 	小
场地器材		足球场一片；3号足球30个，标志服30件，标志盘20个，标志筒20个			

四、飞鸽传书（中班）

课程名称	飞鸽传书				
教学内容	1. 直线运控球及定点射门 2. 游戏：飞鸽传书				
教学目标	1. 复习直线运控球、射门的动作方法，使幼儿进一步熟练掌握运控球基本技术 2. 通过复习，使幼儿熟练掌握双脚运控球、射门的基本动作，并且初步具备合理运用基本动作的能力 3. 通过练习，培养幼儿专注认真、勇敢果断的优良品质				
部分	时间	课程内容	课程过程	课程组织	练习强度
开始部分	2分钟	一、确定上课站位、幼儿朝向 二、教师整队并清点人数 三、师生问好 四、检查着装，询问幼儿身体状况 五、说明本节课内容，提出相应要求	教法： 1. 教师引导幼儿站队并提出要求 2. 教师询问幼儿当天身体情况，检查服装 3. 教师宣布本节课内容，幼儿认真听讲 要求： 教师口令清晰，声音洪亮；幼儿站队快、静、齐	基本队形： 	小
准备部分	5分钟	六、热身活动 七、热身游戏：飞鸽穿越峡谷 每2人为一组，其中1人用双脚运控“飞鸽”（球），另1人双脚打开做“峡谷”，运球的人将“飞鸽”穿越出“峡谷”则取得胜利。第一局胜利后，游戏难度升级，充当“峡谷”的人，双脚左右平移，运球的人找准机会将“飞鸽”穿越出“变化中的峡谷”，2人交换游戏	教法： 1. 幼儿在教师的带领下，完成“头部—上肢—下肢—放松”的热身操 2. 教师讲解热身游戏玩法 3. 幼儿在教师的引导下，依次完成“运控球—射门—运控球—射门”的动作 要求： 1. 教师讲解简明，幼儿积极参加游戏 2. 教师要注意球碰撞幼儿身体事件的预防与处置	游戏队形：  游戏区域：  10米×10米	中

续表

基本部分	8分钟	八、足球素养练习：原地脚背正面模拟射门（触球） 每2人为一组，按照“A踩球—B踢球—B踩球—A踢球”的顺序，其中1人用脚固定“飞鸽”（球），另1人用脚背正面，原地定点“给飞鸽贴标签”（脚背正面模拟射门），每人踢10脚之后，2人交换	教法： 1. 教师讲解原地脚背正面模拟射门动作要领，幼儿认真观察 2. 分组练习，教师口令指示，幼儿依次完成练习 要求： 1. 活动开始前，教师提出集体讨论：“怎样才能用脚背正面将标签贴在‘飞鸽’（球）上？” 2. 幼儿认真听讲，主动回答问题 3. 幼儿学会与同伴配合	基本队形：  基本脚法：  原地脚背正面模拟射门（触球）	中
	12分钟	九、游戏：飞鸽传书 幼儿按照右图队列队形站好，每队从第1人开始，依照“家（出发点）—大海（直线运球区域）—城堡（大、小球门）—大山（绳梯）—家（出发点）”的顺序，直线运控球至球门前4米处，踩住球定点射门，进球后抱上自己的球，小碎步从绳梯上返回出发点。熟练后，可进行接力比赛，看哪队在规定时间里得分最多	教法： 1. 教师讲解直线运控球、射门动作要领，强调运用脚背外侧直线运球，脚背正面射门。幼儿认真观察 2. 教师示范正确的游戏路线 3. 分组练习，教师口令指示，幼儿依次完成练习 要求： 1. 活动开始前，教师提出集体讨论：“怎样才能与‘飞鸽’配合好，快速完成任务？” 2. 幼儿认真听讲，主动回答问题 3. 幼儿能够正确运用运控球、射门脚法，使足球好似“飞鸽传书”，精准入门	基本队形： 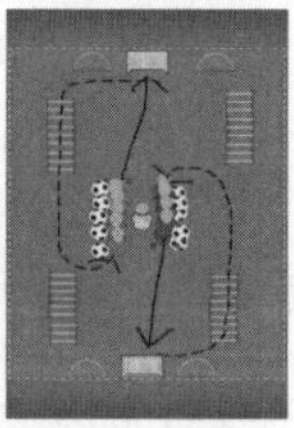	大
结束部分	3分钟	十、集合整队 十一、放松练习 十二、教师小结 十三、整理器材 十四、师生再见	教法： 1. 教师引导幼儿放松 2. 教师回顾本节课程 3. 教师点评表扬幼儿 4. 安排幼儿整理器材 5. 提出期待下次再见	基本队形： 	小
场地器材		足球场一片；3号足球30个，大球门2个，小球门4个，标志服30件，标志盘20个，标志筒20个，绳梯4副			

五、仓鼠抢米（大班）

课程名称	仓鼠抢米				
教学内容	1. 脚背外侧直线运控球 2. 游戏：仓鼠抢米				
教学目标	1. 复习脚背外侧直线运控球的动作方法，使幼儿进一步熟练掌握运控球基本技术 2. 通过复习，使幼儿熟练掌握双脚运控球、射门的基本动作，并且初步具备合理运用基本动作的能力 3. 通过练习，培养幼儿专注认真、勇敢果断的优良品质				
部分	时间	课程内容	课程过程	课程组织	练习强度
开始部分	2分钟	一、确定上课站位、幼儿朝向 二、教师整队并清点人数 三、师生问好 四、检查着装，询问幼儿身体状况 五、说明本节课内容，提出相应要求	教法： 1. 教师引导幼儿站队并提出要求 2. 教师询问幼儿当天身体情况，检查服装 3. 教师宣布本节课内容，幼儿认真听讲 要求： 教师口令清晰，声音洪亮；幼儿站队快、静、齐	基本队形： 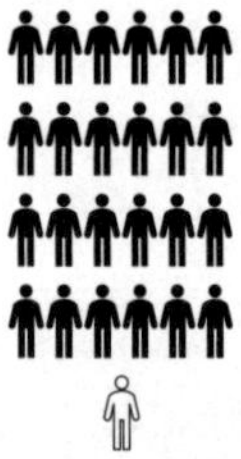	小
准备部分	6分钟	六、热身活动 七、热身游戏：仓鼠跳跳跳 幼儿按照队列队形站好，每队从第1人开始，依照“1正向跳—2背身跳—3自由跳”的规则，依次穿越3个障碍物，完成练习后循环进行。游戏时可适当播放音乐	教法： 1. 幼儿在教师的带领下，完成“头部—上肢—下肢—放松”的热身操 2. 教师讲解热身游戏玩法 3. 幼儿在教师的引导下依次完成指定动作 要求： 1. 教师讲解简明，幼儿积极参加游戏 2. 教师要注意球碰撞幼儿身体事件的预防与处置	游戏队形： 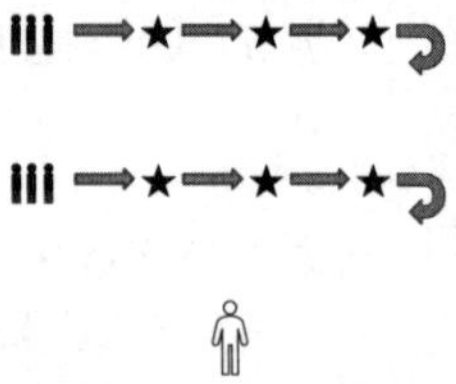 游戏区域：  10米×10米	中

续表

基本部分	10分钟	八、足球素养练习：脚背外侧直线运控球 每2人为一组，按照“A运球时B踩球—B运球时A踩球”的顺序，A幼儿运用脚背外侧直线运控球技术，向对应的该组B幼儿方向运球，到达B幼儿所在位置后，2人交换，后者进行相同操作回到前者原先位置	教法： 1. 教师讲解脚背外侧直线运控球动作要领，幼儿认真观察 2. 分组练习，教师口令指示，幼儿依次完成练习 要求： 1. 活动开始前，教师提出集体讨论：“运球时左右脚有哪些变化？” 2. 幼儿认真听讲，主动回答问题 3. 幼儿学会与同伴配合	基本队形： 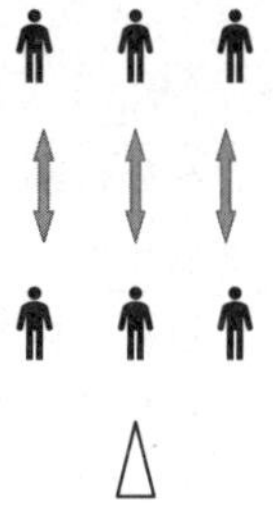 基本脚法：  脚背外侧运球	中
基本部分	14分钟	九、游戏：仓鼠抢米 幼儿按照右图队列队形站好，每队从第1人开始，依照“家(球门出发点)—米仓楼梯(跳跃障碍物)—米仓(足球集合处)—家(球门出发点)”的顺序，“仓鼠”跳过障碍物后，脚背外侧直线运控球，运回“大米”(足球)，放置家中。在规定的时间内，运回的“大米”最多的组获胜	教法： 1. 教师讲解直线运控球，强调运用脚背外侧直线运球。幼儿认真观察 2. 教师示范正确的游戏路线 3. 分组练习，教师口令指示，幼儿依次完成练习 要求： 1. 活动开始前，教师提出集体讨论：“怎样才能快速完成‘抢米’？” 2. 幼儿认真听讲，主动回答讨论问题 3. 幼儿能够正确运用技术动作，精准将球运回	基本队形： 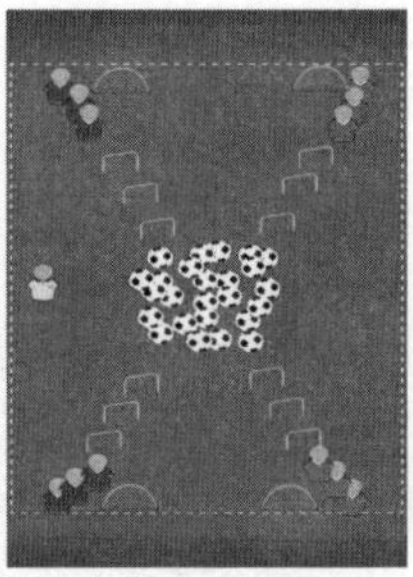	大
结束部分	3分钟	十、集合整队 十一、放松练习 十二、教师小结 十三、整理器材 十四、师生再见	教法： 1. 教师引导幼儿放松 2. 教师回顾本节课程 3. 教师点评表扬幼儿 4. 安排幼儿整理器材 5. 提出期待下次再见	基本队形： 	小
场地器材		足球场一片；3号足球30个，小球门4个，标志服30件，标志盘20个，标志筒20个，障碍低栏架10个，音箱1个			

六、加勒比海盗（大班）

课程名称	加勒比海盗				
教学内容	1. 复习脚背外侧、脚内侧运控球 2. 游戏：加勒比海盗				
教学目标	1. 复习脚背外侧、脚内侧运控球的动作方法，使幼儿进一步熟练掌握运控球基本技术 2. 通过复习，使幼儿熟练掌握双脚运控球的基本动作，并且初步具备合理运用基本动作的能力 3. 通过练习，培养幼儿专注认真、勇敢果断的优良品质				
部分	时间	课程内容	课程过程	课程组织	练习强度
开始部分	2分钟	一、确定上课站位、幼儿朝向 二、教师整队并清点人数 三、师生问好 四、检查着装，询问幼儿身体状况 五、说明本节课内容，提出相应要求	教法： 1. 教师引导幼儿站队并提出要求 2. 教师询问幼儿当天身体情况，检查服装 3. 教师宣布本节课内容，幼儿认真听讲 要求： 教师口令清晰，声音洪亮；幼儿站队快、静、齐	基本队形： 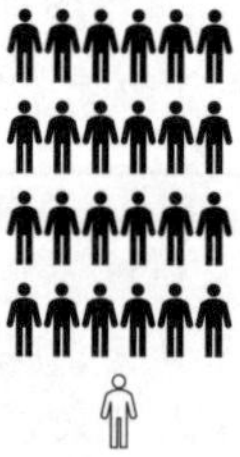	小
准备部分	6分钟	六、热身活动 七、热身游戏：二龙戏珠 幼儿分成两排，左右两臂间隔，站在中线两侧10～15米处，在每两人中间的中线上放一个足球。当教师发出信号后，幼儿立即冲上前抢球，首先拿到球者取胜。同时，可规定在听到信号后，先做一个背身跳跃或其他动作，再冲上前抢球。游戏时可适当播放音乐	教法： 1. 幼儿在教师的带领下，完成“头部—上肢—下肢—放松”的热身操 2. 教师讲解热身游戏玩法 3. 幼儿在教师的引导下依次完成指定动作 要求： 1. 教师讲解简明，幼儿积极参加游戏 2. 教师要注意幼儿身体相互碰撞事件的预防与处置	游戏队形： 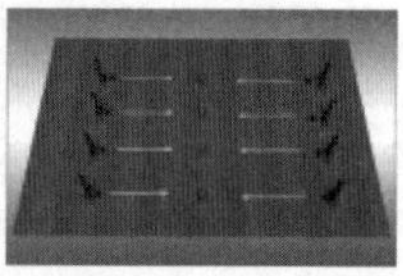 25米×20米	中

续表

基本部分	10分钟	八、足球素养练习：运球接力 将幼儿分为人数相等的两队，各队间距8米，在起点线外与各自的折点对应站立。各队排头脚下持球，用左右脚交替运球的方式前进，绕过折点小旗后返回，在起点线上将球交给第二名队员，第二名队员按此方法做	教法： 1. 教师讲解控球动作要领，幼儿认真观察 2. 分组练习，教师口令指示，幼儿依次完成练习 要求： 1. 活动开始前，教师提出集体讨论：“运球时要如何观察、变速、变向？” 2. 幼儿认真听讲，主动回答问题 3. 幼儿学会与同伴配合	游戏队形： 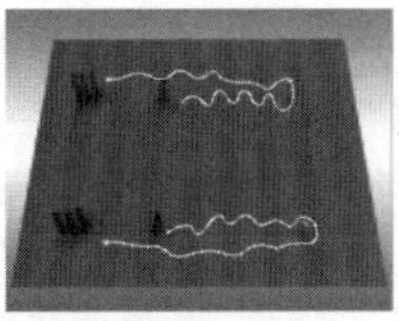 25 米 ×20 米	中
	14分钟	九、游戏：加勒比海盗 教师介绍海盗船的船头、船尾、左舷、右舷等区域。教师扮演“船长”，幼儿扮演“海盗”。“海盗”在甲板上自由带球，“船长”喊出四个船沿的单词时，所有“海盗”必须快速带球到相应的位置。熟练后，可引入“擦甲板”“爬绳索”“船长登船”等动作，增加难度。（擦甲板：不管是站立或者移动都使用脚内侧控制球；爬绳索：以最快速度双脚足尖交替踏上球；“船长”登船：尝试站在球上并向“船长”敬礼）	教法： 1. 教师示范正确的游戏路线 2. 教师提醒幼儿紧密地运球，保持对球的控制 3. 分组练习，教师口令指示，幼儿依次完成练习 要求： 1. 活动结束后，教师提出集体讨论：“你觉得哪个指令最好玩，为什么？” 2. 幼儿认真听讲，主动回答问题 3. 幼儿能够正确运用技术动作	基本队形： 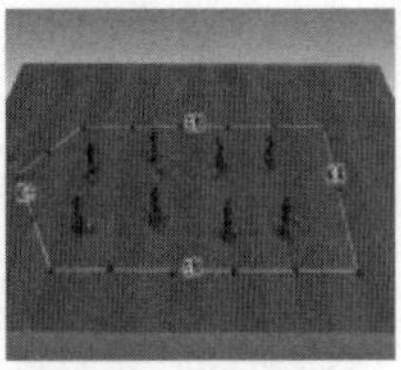 30 米 ×40 米	大
结束部分	3分钟	十、集合整队 十一、放松练习 十二、教师小结 十三、整理器材 十四、师生再见	教法： 1. 教师引导幼儿放松 2. 教师回顾本节课程 3. 教师点评表扬幼儿 4. 安排幼儿整理器材 5. 提出期待下次再见	基本队形： 	小
场地器材	足球场一片；3号足球30个，标志服30件，标志盘20个，标志筒20个，音箱1个				

七、玩具总动员（大班）

课程名称	玩具总动员				
教学内容	1. 巩固脚背外侧、脚内侧运控球 2. 游戏：玩具总动员				
教学目标	1. 巩固脚背外侧、脚内侧运控球的动作方法，使幼儿进一步熟练掌握运控球基本技术 2. 通过复习，使幼儿熟练掌握双脚运控球的基本动作，并且初步具备合理运用基本动作的能力 3. 通过练习，培养幼儿专注认真、勇敢果断的优良品质				
部分	时间	课程内容	课程过程	课程组织	练习强度
开始部分	2 分钟	一、确定上课站位、幼儿朝向 二、教师整队并清点人数 三、师生问好 四、检查着装，询问幼儿身体状况 五、说明本节课内容，提出相应要求	教法： 1. 教师引导幼儿站队并提出要求 2. 教师询问幼儿当天身体情况，检查服装 3. 教师宣布本节课内容，幼儿认真听讲 要求： 教师口令清晰，声音洪亮；幼儿站队快、静、齐	基本队形： 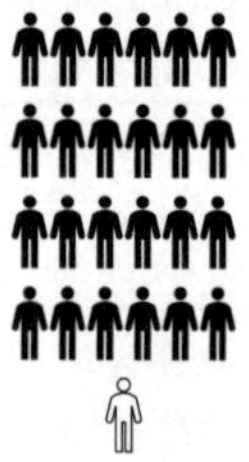	小
准备部分	6 分钟	六、热身活动 七、热身游戏：拯救大兵 7 个“大兵”在区域内逃跑，3 个“抓捕者”在后方追捕，均不持球。“大兵”被抓到后原地冰冻，等待其余“大兵”来拯救。其他“大兵”围着冰冻的“大兵”绕 3 圈就可以使被冰冻的队友获得自由。2 分钟后，被冰冻次数最少的球员获胜。游戏时可适当播放音乐	教法： 1. 幼儿在教师的带领下，完成“头部—上肢—下肢—放松”的热身操 2. 教师讲解热身游戏玩法 3. 幼儿在教师的引导下依次完成指定动作 要求： 1. 教师讲解简明，幼儿积极参加游戏 2. 教师要注意幼儿身体相互碰撞事件的预防与处置	游戏队形： 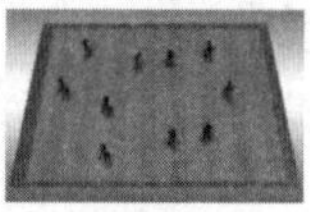 25 米 ×20 米	中

续表

基本部分	10分钟	八、足球素养练习：脚背外侧、脚内侧运控球 在上组游戏基础上增加难度，“抓捕者”和“大兵”均要采用脚背外侧、脚内侧运控球。解冻“大兵”时，解救队员需要将球从冰冻的“大兵”的胯下踢过，身体从大兵身旁绕过，并在第一时间继续运控足球。游戏3分钟/组，进行3组，中途休息15秒钟	教法： 1.教师讲解控球动作要领，幼儿认真观察 2.分组练习，教师口令指示，幼儿依次完成练习 要求： 1.活动开始前，教师提出集体讨论：“怎样才能快速解救大兵？” 2.幼儿认真听讲，主动回答问题 3.幼儿学会与同伴配合	游戏队形： 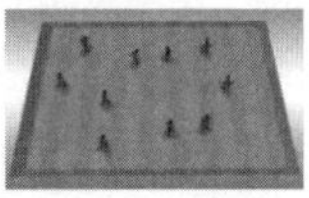 25米×20米	中
	14分钟	九、游戏：玩具总动员 幼儿运球从一端的安全区到另外一端的安全区。在这个过程中会有1个“坏人”在中间捕捉“玩具”，当“玩具”被抓到后，就会就成“坏人”，需要去抓其他的“玩具”。游戏根据人数确定次数，完成全部次数并且没有被抓到才算成功逃脱。熟练后，可增加难度。如中间的“坏人”必须运球；中间的“坏人”不运球但必须手拉手抓“玩具”等	教法： 1.教师示范正确的游戏路线 2.教师提醒幼儿紧密地运球，保持对球的控制 3.分组练习，教师口令指示，幼儿依次完成练习 要求： 1.活动开始前，教师提出集体讨论：“怎样才能避免被抓到？” 2.幼儿认真听讲，主动回答问题 3.幼儿能够正确运用技术动作，精准将球运回	基本队形： 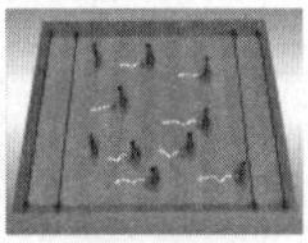 15米×30米	大
结束部分	3分钟	十、集合整队 十一、放松练习 十二、教师小结 十三、整理器材 十四、师生再见	教法： 1.教师引导幼儿放松 2.教师回顾本节课程 3.教师点评表扬幼儿 4.安排幼儿整理器材 5.提出期待下次再见	基本队形： 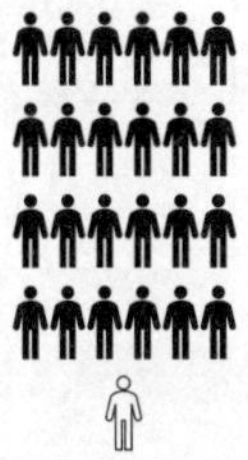	小
场地器材	足球场一片；3号足球30个，标志服30件，标志盘20个，标志筒20个，音箱1个				

八、我是神射手（大班）

课程名称	我是神射手				
教学内容	1. 巩固脚背正面射门 2. 游戏：我是神射手				
教学目标	1. 巩固脚背正面射门的动作方法，使幼儿进一步熟练掌握射门基本技术 2. 通过复习，使幼儿熟练掌握双脚射门的基本动作，并且初步具备合理运用基本动作的能力 3. 通过练习，培养幼儿专注认真、勇敢果断的优良品质				
部分	时间	课程内容	课程过程	课程组织	练习强度
开始部分	2 分钟	一、确定上课站位、幼儿朝向 二、教师整队并清点人数 三、师生问好 四、检查着装，询问幼儿身体状况 五、说明本节课内容，提出相应要求	教法： 1. 教师引导幼儿站队并提出要求 2. 教师询问幼儿当天身体情况，检查服装 3. 教师宣布本节课内容，幼儿认真听讲 要求： 教师口令清晰，声音洪亮；幼儿站队快、静、齐	基本队形： 	小
准备部分	6 分钟	六、热身活动 七、热身游戏：使命必达 教师站在中间，连发 2 个足球，两队幼儿同时出发，根据实际情况选择靠近自己的足球。在离球门 3 米处（图中白线），将球射入球门内，得分才有效。游戏时可适当播放音乐	教法： 1. 幼儿在教师的带领下，完成“头部—上肢—下肢—放松”的热身操 2. 教师讲解热身游戏玩法 3. 幼儿在教师的引导下依次完成指定动作 要求： 1. 教师讲解简明，幼儿积极参加游戏 2. 教师要注意幼儿身体相互碰撞事件的发生与处置	游戏队形： 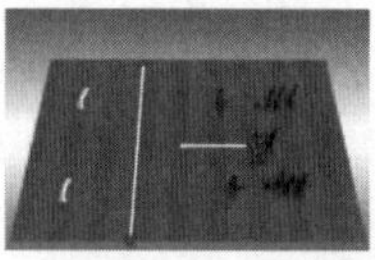 10 米 ×15 米	中

续表

基本部分	10 分钟	八、足球素养练习： 脚背正面射门练习 在场地上画一个直径为5米的圆圈。将幼儿分为人数相等的2～3组。圈外者（幼儿）寻机踢射圈内者（教师），被击中者离开，直至把圈内者全部击中。圈外者全部轮流一遍后游戏结束	教法： 1. 教师讲解脚背正面射门动作要领，幼儿认真观察 2. 分组练习，教师口令指示，幼儿依次完成练习 要求： 1. 活动开始前，教师提出集体讨论：“怎样才能射中移动的老师？” 2. 幼儿认真听讲，主动回答问题 3. 幼儿学会与同伴配合	游戏队形： 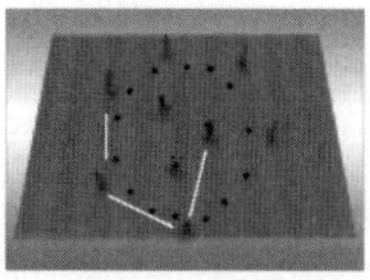 25米×20米	中
基本部分	14 分钟	九、游戏：我是神射手 分为A、B两组，距离出发点10米摆放一个小球门，球门前设置一个4米×4米的射门区。双方同时出发，运球至射门区域射门，最先完成进球的获胜。射门后的球员到对方阵营中排队轮换。熟练后，可增加游戏难度。如运控球时限制触碰球的次数，教师上前抢球，根据射入球门的角度和位置酌情加分，等等	教法： 1. 教师示范正确的游戏路线 2. 教师提醒幼儿紧密地运球，保持对球的控制 3. 分组练习，教师口令指示，幼儿依次完成练习 要求： 1. 活动结束后，教师提出集体讨论：“球射入球门的什么位置时，守门员不好扑救，为什么？” 2. 幼儿认真听讲，主动回答问题 3. 幼儿能够正确运用技术动作，准确将球射入	基本队形： 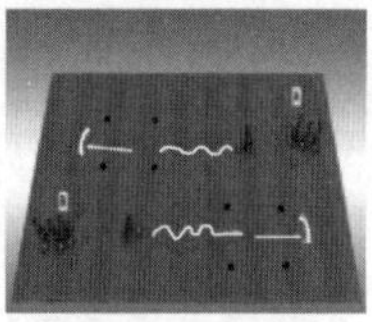 25米×20米	大
结束部分	3分钟	十、集合整队 十一、放松练习 十二、教师小结 十三、整理器材 十四、师生再见	教法： 1. 教师引导幼儿放松 2. 教师回顾本节课程 3. 教师点评表扬幼儿 4. 安排幼儿整理器材 5. 提出期待下次再见	基本队形： 	小
场地器材		足球场一片；3号足球30个，小球门4个，标志服30件，标志盘20个，标志筒20个，音箱1个			

第三节 综合领域游戏活动案例

一、足球运动员威尔（小班）

课程名称	足球运动员威尔				
教学内容	1. 幼儿足球绘本故事《足球运动员威尔》①赏析				
教学目标	1. 通过教师介绍，幼儿可以了解、熟悉足球装备及其用途 2. 通过赏析，幼儿能够理解《足球运动员威尔》故事内容 3. 幼儿能够积极观察、想象以及讨论故事中足球运动员的形象 4. 幼儿能够较清楚地涂画出自己对于“足球运动员”的理解				
部分	时间	课程内容	课程过程	课程组织	练习强度
开始部分	2 分钟	一、确定上课座位、幼儿朝向 二、教师整队并清点人数 三、师生问好 四、说明本节课内容，提出相应要求	教法： 1. 教师引导幼儿坐好并提出要求 2. 教师询问幼儿当天身体情况 3. 教师宣布本节课内容，幼儿认真听讲 要求： 教师口令清晰，声音洪亮；幼儿快、静、齐地坐好	基本队形： 	小
准备部分	4 分钟	五、观察：熟悉足球装备 教师将足球装备摆置在幼儿前，引导幼儿认真观察。同时，播放 PPT，介绍不同足球装备的样式、形状、用途等。最后，每 1 个足球装备分别请 1 人穿戴上，进行展示和进一步讲解	教法： 1. 幼儿在教师的引导下依次了解队服、短裤、球袜、护腿板、足球鞋、足球、守门员手套等足球装备 要求： 1. 教师讲解简明，幼儿认真、观察、积极讨论； 2. 教师要记录下幼儿描述的足球装备	基本队形： 	小

① 安娜·奥姆．我的职业梦想 [M]．拉奎尔·平埃罗，绘．张浩，译．石家庄：河北少年儿童出版社，2016.

续表

基本部分	7 分钟	六、阅读：幼儿足球绘本故事《足球运动员威尔》 幼儿按照上课开始队形坐好。教师介绍绘本，让幼儿对故事有所了解。教师引导幼儿欣赏封面，获取信息，介绍扉页等。教师引导幼儿走进故事，指导其阅读	教法： 1. 教师展示绘本，引导幼儿欣赏绘本，引发幼儿对绘本的关注 2. 幼儿跟随教师的阅读，了解书中故事的要素，并形成思考 要求： 1. 活动开始前，教师提出集体讨论问题：“威尔穿戴了什么样的足球装备？” 2. 活动结束后，教师提出集体讨论问题：“裁判的足球装备和球员的一样吗？” 3. 幼儿认真听讲，运用准确的语言回答问题	基本队形： 	小
	9 分钟	七、绘画：你心目中的足球运动员 幼儿按照上课开始队形坐好。在教师引导下，按照“观察—思考—想象”的顺序，尝试设计、绘画、分享幼儿心目中足球运动员的形象。结束后，请 1 ~ 2 人对自己的作品进行分享	教法： 教师以图文并茂的方式引起幼儿对于“足球运动员”的想象 要求： 1. 幼儿能够描画出基本的“足球运动员”形象 2. 幼儿能够与同伴分享绘画作品	基本队形： 	小
结束部分	3 分钟	八、集合整队 九、教师小结 十、整理器材 十一、师生再见	教法： 1. 教师回顾本节课程 2. 教师点评表扬幼儿 3. 安排幼儿整理场地 4. 提出期待下次再见	基本队形： 	小
场地器材		教室平地 1 片；队服、短裤、球袜、护腿板、足球鞋、足球、守门员手套各 1 套，多媒体教具 1 套，画笔 30 套，白纸 30 张			

二、魔术师威利（中班）

课程名称	魔术师威利				
教学内容	幼儿足球绘本故事《魔术师威利》①赏析				
教学目标	1. 通过赏析，幼儿能够理解《魔术师威利》故事内容 2. 幼儿能够积极观察、想象以及讨论故事中的道理，能用自己的语言表述出来 3. 幼儿能够运用较清楚的语言讲述自己对于“足球鞋”的理解				
部分	时间	课程内容	课程过程	课程组织	练习强度
开始部分	2 分钟	一、确定上课座位、幼儿朝向 二、教师整队并清点人数 三、师生问好 四、说明本节课内容，提出相应要求	教法： 1. 教师引导幼儿坐好并提出要求 2. 教师询问幼儿当天身体情况 3. 教师宣布本节课内容，幼儿认真听讲 要求： 教师口令清晰，声音洪亮；幼儿快、静、齐地坐好	基本队形： 	小
准备部分	5 分钟	五、热身游戏：击鼓传“足球鞋” 教师把凳子围成圈，让幼儿坐在一起，教师站在圈中间，并把“足球鞋”放到幼儿的手里。教师击鼓，幼儿要快速传动“足球鞋”，鼓声停止，传鞋停止，鞋停在谁手中，谁就要上台讲 1 个自己与足球的故事，如此循环	教法： 1. 教师讲解热身游戏玩法 2. 幼儿在教师的引导下依次完成传鞋—接鞋—传鞋—接鞋的动作 要求： 1. 教师讲解简明，幼儿积极参加游戏 2. 教师要记录下幼儿描述的足球故事	游戏队形： 	小

① 安东尼·布朗．魔术师威利 [M]. 崔维燕，译．南昌：二十一世纪出版社，2013.

续表

基本部分	12 分钟	六、阅读：幼儿足球绘本故事《魔术师威利》 幼儿按照上课开始队形坐好。由教师介绍绘本，使得幼儿对故事有所了解。教师引导幼儿欣赏封面，获取信息，介绍扉页等。教师引导幼儿走进故事，指导其阅读	教法： 1. 教师展示绘本，引导幼儿欣赏绘本，引发幼儿对绘本的关注 2. 幼儿跟随教师的阅读，了解书中故事的要素，并形成思考 要求： 1. 活动开始前，教师提出集体讨论问题："这个故事主要讲的是谁踢球的故事？" 2. 活动结束后，教师提出集体讨论问题："威利遇到了什么困难，他是怎么克服这些困难的？" 3. 幼儿认真听讲，运用准确的语言回答问题	基本队形： 	小
	8 分钟	七、观察：魔术师威利的"足球鞋" 幼儿按照上课开始队形坐好。教师汇总、展示绘本中出现的"足球鞋"，幼儿展开观察。 幼儿按照"自由观察—细致观察—实物观察"的顺序，讨论"足球鞋"的构成	教法： 1. 教师以图文并茂的方式引起幼儿对于"足球鞋"的兴趣 2. 教师带领幼儿讨论"足球鞋"的构成，以及各部分的作用 3. 教师可进一步拓展"足球鞋"的使用、保护等知识 要求： 1. 活动开始前，教师提出集体讨论问题："'足球鞋'由哪些部分组成？" 2. 幼儿能够运用较清楚的语言讲述自己对于"足球鞋"的理解	基本队形： 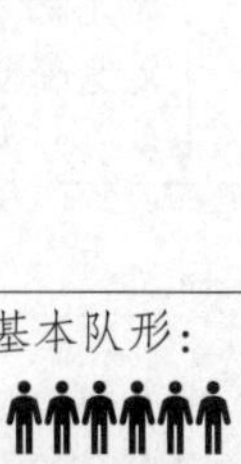	小
结束部分	3 分钟	八、集合整队 九、教师小结 十、整理器材 十一、师生再见	教法： 1. 教师回顾本节课程 2. 教师点评表扬幼儿 3. 安排幼儿整理场地 4. 提出期待下次再见	基本队形： 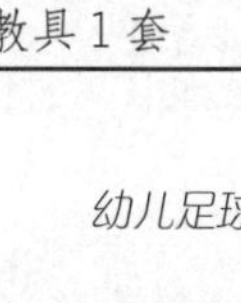	小
场地器材	教室平地 1 片；足球鞋 1 双，多媒体教具 1 套				

三、火龙谷里的足球赛（大班）

课程名称	火龙谷里的足球赛				
教学内容	1. 幼儿足球绘本故事《火龙谷里的足球赛》[①]赏析				
教学目标	1. 通过赏析，幼儿能够理解《火龙谷里的足球赛》故事内容 2. 通过赏析，幼儿能够联系自己成长过程中的实际情况，懂得只有互帮互助，才能取得成功的道理。 3. 教导幼儿遇到自己解决不了的困难时，要学会寻求他人帮助，看见他人需要帮助时，也要伸出援手				
部分	时间	课程内容	课程过程	课程组织	练习强度
开始部分	2分钟	一、确定上课座位、幼儿朝向 二、教师整队并清点人数 三、师生问好 四、说明本节课内容，提出相应要求	教法： 1. 教师引导幼儿坐好并提出要求 2. 教师询问幼儿当天身体情况 3. 教师宣布本节课内容，幼儿认真听讲 要求： 教师口令清晰，声音洪亮；幼儿快、静、齐地坐好	基本队形： 	小
准备部分	6分钟	五、热身游戏：小火龙来我们班做客 教师把凳子围成圈，让幼儿坐在一起，教师站在圈中间。教师告诉幼儿请了一位小客人来班上做客，然后将恐龙玩偶拿出（略表演），邀请幼儿一起表演，引起幼儿的兴趣。之后，小火龙邀请幼儿去它的家乡“火龙谷”看看	教法： 幼儿在教师的引导下，了解恐龙的身形、体态 要求： 教师讲解简明，幼儿认真观察、积极讨论	游戏队形： 	小

① 蒂莫西·纳普曼. 火龙谷里的足球赛 [M]. 格温·米尔沃德，图. 任溶溶，译. 北京：外语教学与研究出版社，2013.

续表

基本部分	14分钟	六、阅读：幼儿足球绘本故事《火龙谷里的足球赛》 幼儿按照上课开始队形坐好。教师介绍绘本，让幼儿对故事有所了解。教师引导幼儿欣赏封面，获取信息，介绍扉页等。教师引导幼儿走进故事，指导其阅读	教法： 1. 教师展示绘本，引导幼儿欣赏绘本，引发幼儿对绘本的关注 2. 幼儿跟随教师的阅读，了解书中故事的要素，并形成思考 要求： 1. 活动开始前，教师提出集体讨论问题：“这个故事中出现了哪些踢球的动作？” 2. 活动结束后，教师提出集体讨论问题：“最后比赛赢了吗，是靠一个人赢还是朋友之间合作赢的？” 3. 幼儿认真听讲，运用准确的语言回答问题	基本队形： 	小
	10分钟	七、回顾：重新阅读绘本，简要提问情节 幼儿按照上课开始队形坐好。教师带领幼儿重新阅读绘本，幼儿展开观察、回忆、想象。幼儿按照故事发展顺序，讨论遇到困难的解决办法（别人帮助与帮助别人）	教法： 教师以图文并茂的方式进一步引起幼儿对于绘本故事的兴趣 要求： 1. 活动开始前，教师提出集体讨论问题：“如果我们遇到了困难应该怎么办？” 2. 幼儿能够运用较清楚的语言讲述自己和他人遇到困难后应该怎么办	基本队形： 	小
结束部分	3分钟	八、集合整队 九、教师小结 十、整理器材 十一、师生再见	教法： 1. 教师回顾本节课程 2. 教师点评表扬幼儿 3. 安排幼儿整理场地 4. 提出期待下次再见	基本队形： 	小
场地器材		教室平地1片；多媒体教具1套			

四、长大“干什么”（大班）

课程名称	长大“干什么”				
教学内容	1. 幼儿足球绘本故事《长大“干什么”》①赏析				
教学目标	1. 通过赏析，幼儿能够理解《长大“干什么”》故事内容 2. 通过赏析，进一步培养幼儿关于足球的兴趣与爱好 3. 激发幼儿进一步树立关于足球的远大理想，逐步形成足球可以为自己带来美好生活的观念				
部分	时间	课程内容	课程过程	课程组织	练习强度
开始部分	2 分钟	一、确定上课座位、幼儿朝向 二、教师整队并清点人数 三、师生问好 四、说明本节课内容，提出相应要求	教法： 1. 教师引导幼儿坐好并提出要求 2. 教师询问幼儿当天身体情况 3. 教师宣布本节课内容，幼儿认真听讲 要求： 教师口令清晰，声音洪亮；幼儿快、静、齐地坐好	基本队形： 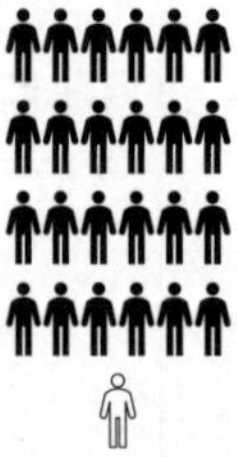	小
准备部分	6 分钟	五、回顾：前三次故事绘本中主人公的形象 教师把凳子围成圈，让幼儿坐在一起，教师站在圈中间。教师带领幼儿回顾前三次故事绘本中主人公关于足球的印象，进一步引起幼儿关于本次课程的兴趣	教法： 1. 教师借助形体表演、图片展示等手法，引导幼儿依次回忆起威尔、威利、火龙等主人公关于足球的印象 要求： 教师讲解简明，幼儿积极参加观察、讨论	游戏队形： 	小

① 丽斯贝特·史蕾洁斯. 足球运动员 [M]. 西安曲江培豪出版传媒，译. 西安：西安出版社，2015.

续表

基本部分	14分钟	六、阅读：幼儿足球绘本故事《长大"干什么"》 幼儿按照上课开始队形坐好。教师介绍绘本，让幼儿对故事有所了解。教师引导幼儿欣赏封面，获取信息，介绍扉页等。教师引导幼儿走进故事，指导其阅读	教法： 1. 教师展示绘本，引导幼儿欣赏绘本，引发幼儿对绘本的关注 2. 幼儿跟随教师的阅读，了解书中故事的要素，并形成思考 要求： 1. 活动结束后，教师提出集体讨论问题："有哪些职业与足球相关呢？"可以举出足球运动员、足球记者等例子 2. 幼儿认真听讲，运用准确的语言回答问题	基本队形： 	小
	10分钟	七、拓展：足球相关职业与你的兴趣 幼儿按照上课开始队形坐好。在教师引导下，幼儿按照"思考—想象—分享"的顺序，将足球相关职业与自己的兴趣爱好结合起来。教师先举一两例，再请1～2名幼儿进行分享	教法： 1. 教师运用举例子的方式（如喜爱绘画可以做球衣服装设计师等），进一步帮助幼儿表述出"结合自己兴趣爱好的与足球相关的职业" 要求： 1. 幼儿能够运用较清楚的语言讲述"结合自己兴趣爱好的与足球相关的职业" 2. 教师要记录下幼儿的表述	基本队形： 	小
结束部分	3分钟	八、集合整队 九、教师小结 十、整理器材 十一、师生再见	教法： 1. 教师回顾本节课程 2. 教师点评表扬幼儿 3. 安排幼儿整理场地 4. 提出期待下次再见	基本队形： 	小
场地器材		教室平地1片；多媒体教具1套			

第六章
幼儿足球主题游戏活动案例

第一节　幼儿足球亲子日活动案例

一、活动主题

体育运动是实施全面发展教育的重要途径，也是幼儿园亲子活动的主要组成部分。足球运动是体育运动中最能展现多种多样的身体动作的运动项目。同时，足球运动容易激发孩子的兴趣，能够培养孩子吃苦耐劳、勇敢、团结合作、尊重规则的意识。邀请家长与孩子共同参与足球运动，也能让家长们更好地意识到体育运动对于孩子身心健康的重要性。本次幼儿足球亲子日活动的主题为："家园联动 HUA 足球"。

二、活动目的

家园联动话足球。通过开展幼儿足球亲子日活动，开展家校积极互动，促使学校与家长形成关于幼儿园足球活动的统一愿景。

家园联动画足球。通过开展幼儿足球亲子日活动，父母孩子共同参与同一项足球活动，加强亲代与子代的情感交流。

家园联动化足球。通过开展幼儿足球亲子日活动，教师做好引导者，家长做好陪伴者，让幼儿在潜移默化中锻炼身心，化足球为幼儿"亲家庭、亲学校、亲社会"的强大力量。

三、活动口号

谈一点足球期望，玩一个足球项目，献一份足球力量。

四、活动地点

幼儿园运动场。

五、活动准备

3 号足球 30 个、标志服 30 件、标志盘 20 个，呼啦圈 10 个，秒表 4 个，话筒 1 个，音箱 1 个。

六、运动员入场

幼儿一手牵家长，一手抱足球。依次经过场地中央，向全场示意并展示一个足球动作。幼儿展示完后牵手家长走到指定区域，纵队站好等待活动开始。

七、园长致辞

内容包括本园足球活动开展情况，为什么要开展幼儿足球亲子日，今后的发展思路，等等。

八、亲子活动

（一）翻山越岭亲子版

1. 活动内容

家长和幼儿一队，幼儿先开始比赛，家长接力。幼儿前半部分依次完成钻、爬、滚等动作后拿球，运用脚背外侧运控球绕过后 2 个标志物返回起点，与家长接力，直至家长完成。按照用时长短依次排序。教师在比赛开始前模拟钻、爬、滚动作并演示运控球的具体路线。比赛中给予必要的指导和帮助。基本队形参考第四章中该教学案例。

2. 积分规则

同年级以 32 队家长和幼儿为例。每 4 队分为 1 组，共 8 组。先进行组内比赛，每组小组第一再进行争夺 1 ～ 8 名的比赛。每组第 2 名按照用时长短直接进行 9 ～ 16 名排序。最终 1 ～ 16 名获得相应分数。若用时相同取并列名次和积分。具体积分如下：

名次	积分
1	30
2	26
3	22
4	18
5	16
6	14
7	12
8	10
9	8
10	7
11	6
12	5
13	4
14	3
15	2
16	1

（二）储物过冬亲子版

1. 活动内容

家长和幼儿一队，幼儿先开始比赛，家长接力。幼儿依照“家—通往森林的小路—松子树—通往森林深处的小溪—榛子树——爬越回家的小山”的顺序，运控球绕场地1圈，途中用手捡起“松子树”“榛子树”周围的“食物”拿回家，与家长接力，直至家长完成。按照用时长短依次排序。教师在比赛开始前模拟“拿食物”动作并演示运控球的具体路线。比赛中给予必要的指导和帮助。基本队形参考第四章中该教学案例。

2. 积分规则

同年级以32队家长和幼儿为例。每4队分为1组，共8组。先进行组内比赛，每组小组第一再进行争夺1～8名的比赛。每组第2名按照用时长短直接进行9～16名排序。最终1～16名获得相应分数。若用时相同取并列名次和积分。具体积分可参考翻山越岭亲子版。

（三）飞鸽传书亲子版

1. 活动内容

家长和幼儿一队，幼儿先开始比赛，家长接力。幼儿依照“家（出发点）—大海（直线运球区域）—城堡（大、小球门）—大山（绳梯）—家（出发点）”的顺序，直线运控球至球门前4米处，踩住球定点射门，进球后抱上自己的球，小碎步从绳梯上返回出发点，与家长接力，直至家长完成。按照用时长短依次排序。教师在比赛开始前模拟“抱球小碎步”动作并演示运控球的具体路线。比赛中给予必要的指导和帮助。基本队形参考第四章中该教学案例。

2. 积分规则

同年级以32队家长和幼儿为例。每4队分为1组，共8组。先进行组内比赛，每组小组第一再进行争夺1～8名的比赛。每组第2名按照用时长短直接进行9～16名排序。最终1～16名获得相应分数。若用时相同，取并列名次和积分。具体积分可参考翻山越岭亲子版。

九、评选奖项

评选出单项分相加的前8名；在后24名中评选出“合作精神奖”4名、“比赛风尚奖”4名、“参与榜样奖”4名。

第二节　幼儿足球文化节活动案例

一、活动主题

2004 年，国际足联正式宣布足球起源于中国，这与人们既熟悉又陌生的蹴鞠关系密切。蹴鞠是一项在中国流传了 2 300 多年的传统体育运动。2006 年，蹴鞠已作为非物质文化遗产经国务院批准列入第一批国家级非物质文化遗产名录。因此，本次幼儿足球文化节将“小蹴鞠、大文化”作为活动主题，围绕传统体育文化中的蹴鞠元素，开展以“说、唱、画、作、演”为主的绘画、书法、手工、故事、歌唱、舞蹈等多种形式的足球文化活动，使师生了解蹴鞠文化内涵和发展历史。

二、活动目的

蹴鞠文化与养成教育。通过开展幼儿足球文化节活动，学习蹴鞠文化，促使幼儿形成正确的体育习惯，进而养成良好的行为习惯。

蹴鞠文化与礼仪教育。通过开展幼儿足球文化节活动，借助蹴鞠文化，帮助幼儿“懂礼貌、善表达”。

蹴鞠文化与国学教育。通过开展幼儿足球文化节活动，让民族文化的种子在幼儿心中生根萌芽，从而达到传承民族精神，提升民族整体素质的目标。

三、活动口号

蹴鞠蹴鞠，憨态可掬。

四、活动地点

各班级教室。

五、活动准备

开展绘画、书法、手工、故事、歌唱、舞蹈等活动需要的相关道具材料。

六、园长致辞

内容包括关于创新幼儿足球特色主题校园文化的思考与设想，开展幼儿足球文化节的具体做法及期望，等等。

七、文化活动

（一）品读蹴鞠绘本

1. 活动内容

教师带领幼儿朗读一本有关蹴鞠的绘本，并提出思考问题。幼儿在熟悉绘本后，课后利用手机拍摄一段 1 分钟的视频，内容包括：复述绘本中的故事，介绍自己印象最深刻的一个情节，以及读这本绘本的收获等几个方面。

2. 评选规则

鼓励全体幼儿参与其中，并设一、二、三等奖。其中，一等奖人数为参与总人数的 10%，二等奖人数为参与总人数的 15%，三等奖人数为参与总人数的 25%。本年级间进行评选。由同一年级的年级组长 1 名、每班教师各 1 名组成评审小组，分别给非本年级选手的参赛作品进行打分评选。打分规则如下：

指标	占比
复述蹴鞠绘本简单明确、传递正确内容和价值观	40%
通过蹴鞠故事引发幼儿的思考，促进其认知成长	30%
立意新颖，蹴鞠故事情节设计松紧有度	15%
情节合理有趣，贴近幼儿的生活，使幼儿有所收获	15%

（二）绘画蹴鞠故事

1. 活动内容

来一场你和蹴鞠的故事画展吧！“小画家们”充分发挥自己的想象力，挥动手中的画笔，大胆构思，把自己心中的蹴鞠场景用画笔描绘出来，在画纸上充分展现自己眼中的足球世界。一幅幅颇具创意与童趣的绘画作品，透射出孩子们对蹴鞠的热情和对足球的喜爱。

2. 评选规则

鼓励全体幼儿参与其中，并设一、二、三等奖。其中，一等奖人数为参与总人数的 10%，二等奖人数为参与总人数的 15%，三等奖人数为参与总人数的 25%。本年级间进行评选。由同一年级的年级组长 1 名、每班教师各 1 名组成评审小组，分别给非本年级进行打分评选。打分规则如下：

指标	占比
线条造型、结构特征、造型创造	40%
涂色能力、色彩数目、颜色搭配、情感倾向	30%
人物整体、人物细节、拟人手段	15%
绘画主题、构图序列	15%

（三）打造蹴鞠空间

1. 活动内容

各式各样的蹴鞠周边、形象可爱的蹴鞠摆件、直观生动的蹴鞠展板（图 65），幼儿园的走廊在师生的巧手装扮下变成了一场蹴鞠盛会。幼儿园充分发挥环境的教育价值，以绚丽多彩、丰富多样的蹴鞠文化激发幼儿对足球的探索兴趣，让幼儿深入了解关于蹴鞠的“故事”，感受中华传统体育文化的独特魅力。

2. 评选规则

以班级为单位参与评选，比赛设一、二、三等奖。其中一等奖名额为全园总班级数的 10%，二等奖名额为全园总班级数的 15%，三等奖名额为全园总班级数的

图 65

25%。由同一年级的年级组长 1 名、每班教师各 1 名组成评审小组，分别给非本年级选手的参赛作品进行打分评选。打分规则如下：

指标	占比
蹴鞠文化作品类型齐全、功能多样，涵盖幼儿多种经验	40%
蹴鞠文化区域标识造型鲜明、生动、有趣，能够吸引关注	30%
蹴鞠文化空间、地面、墙面等立体空间相互呼应	15%
蹴鞠文化材料选取丰富，数量与种类配置科学合理	15%

八、评选奖项

依照分数依序评选出“绘本品读家”“故事绘画家”“空间装扮家”3 大类奖项。另附参与奖若干名。

第三节 幼儿足球乐游会活动案例

一、活动主题

幼儿足球乐游会作为幼儿足球教学活动的延伸，一般是指在足球场划定的相关区域组织足球游戏活动，让幼儿在具有趣味性和挑战性的足球游戏中，战胜对手或者完成通关要求，获得通关印章，用以兑换相应奖品。本次活动的主题为“我是足球大侠”，以新思路、新模式、新体验，吸引幼儿积极参与，为幼儿塑造丰富多彩的校园体育生活，建设沉浸式的足球活动场景。足球乐游会活动内容包括一蹴而就、百步穿杨、配合无间、所向披靡、冲云破雾、桌上足球等。

二、活动目的

感受多元材料。通过开展足球乐游会，让幼儿在精致、大气、丰富、多元的足球环境中与同伴、与环境、与材料进行良好互动。

满足动作发展。通过开展足球乐游会，促进幼儿足球技能形成，有效满足幼儿身心发展需要。

激发主动兴趣。通过开展足球乐游会，创设适宜的足球情境，让幼儿主动地“动在其中、乐在其中、美在其中”。

三、活动口号

看足球大侠，困难从不怕。

四、活动地点

幼儿园运动场。

五、活动准备

3号足球30个，标志服30件，标志盘20个，球门6个，球场气模4个，障碍物4个，穿越框4个，幼儿版桌上足球4个，秒表4个，话筒1个，音箱1个，印章、奖品若干。

六、关卡游戏

（一）一蹴而就

1. 游戏方法

幼儿在3米 ×5米的长方形场地上进行1对1对抗和射门。

2. 游戏规则

个人体验活动，在规定时间内进球多的一方获胜，并获得1枚通关印章。

（二）百步穿杨

1. 游戏方法

在3米 ×4米的比赛场地上，设置1个2米 ×3米的五人制球门。将球门划分为

9 个等份，号码布以蛇形排列顺序均匀悬挂在球门区域，幼儿在距离球门 2.5 ～ 3 米处射门，射中号码布获得相应积分，积分多者获胜，获胜者获得 1 枚通关印章。

2. 游戏规则

个人体验活动，选手在规定次数内，成功命中目标即为获胜，并获得通关印章。

（三）配合无间

1. 游戏方法

在 6 米 ×8 米的长方形气模比赛场地两边各设置 2 个球门，双方进行 2 对 2 对抗射门比赛。球入对方 2 个球门中的任意 1 个均可得 1 分。

2. 游戏规则

积分多者获胜，获胜者可获得 1 枚通关印章。

（四）所向披靡

1. 游戏方法

在 6 米 ×8 米的比赛场地上，设置 2 ～ 3 道障碍物，以成功通过时间的长短判定得分。

2. 游戏规则

20 秒内成功完成通关则挑战成功，并获得 1 枚通关印章。

（五）冲云破雾

1. 游戏方法

在 3 米 ×3 米的比赛场地上，设置 2 ～ 3 个形状大小不同的穿越框。幼儿以身体模拟飞机，在规定时间内运球穿越框即为通关。

2. 游戏规则

每次 1 人参与挑战，2 分钟内完成挑战则获得 1 枚通关印章。

（六）桌上足球

1. 游戏方法

在幼儿版桌上足球道具上，幼儿 1 对 1 操控桌上足球队员进行比赛。

2. 游戏规则

比赛时间为 3 分钟，进球多者获胜。如遇平局则延长比赛时间，先入球为胜，胜者获得 1 枚通关印章。

七、礼物兑换

获得 2 个以上通关印章奖励 1 瓶运动饮料，获得 4 个及以上通关印章奖获励“足球大侠”勋章，2 个“足球大侠”勋章可兑换 1 个足球。

附录

教育部等6部门关于加快发展青少年校园足球的实施意见

教体艺〔2015〕6号

各省、自治区、直辖市教育厅（教委）、发展改革委、财政厅（局）、新闻出版广电局、体育局、团委：

加快发展青少年校园足球是贯彻党的教育方针、促进青少年身心健康的重要举措，是夯实足球人才根基、提高足球发展水平和成就中国足球梦想的基础工程。近年来，校园足球事业取得了积极进展，体制机制不断完善，发展模式不断创新，校园足球定点学校达到5 000多所，举办各种比赛10万多次，青少年足球人口不断扩大。但总体上看，校园足球发展还比较缓慢，发展不平衡，存在普及面不广、竞赛体系不健全、保障能力不足等问题。为进一步落实深化教育领域综合改革总体要求和《中国足球改革发展总体方案》，现就加快发展青少年校园足球提出以下意见：

一、总体要求

（一）指导思想

把发展青少年校园足球作为落实立德树人根本任务、培育和践行社会主义核心价值观的重要举措，作为推进素质教育、引领学校体育改革创新的重要突破口，充分发挥足球育人功能，遵循人才培养和足球发展规律，理顺管理体制，完善激励机制，优化发展环境，大力普及足球运动，培育健康足球文化，弘扬阳光向上的体育精神，促进青少年身心健康、体魄强健、全面发展，为提升人口素质、推动足球事业发展、振奋民族精神提供有力支撑。

（二）基本原则

坚持改革创新。深化体制机制改革，加强顶层设计，强化政策、标准和项目引导，在重点领域和关键环节取得突破，增强青少年校园足球发展活力。

坚持问题导向。树立科学发展理念，破解发展难题，转变发展方式，加强基础条件和基础工程建设，持久用力、久久为功，促进青少年校园足球健康发展。

坚持统筹协调。以政府为主导，学校为主体，鼓励社会参与，整合多种资源，完善支持政策，形成青少年校园足球发展合力。

坚持因地制宜。立足当前实际，着眼长远发展，充分利用现有基础，不断创造良好条件，鼓励探索多样化的青少年校园足球发展模式。

（三）工作目标

到 2020 年，基本建成符合人才成长规律、青少年广泛参与、运动水平持续提升、体制机制充满活力、基础条件保障有力、文化氛围蓬勃向上的中国特色青少年校园足球发展体系。

普及程度大幅提升。学校普遍开展足球运动，学生广泛参与足球活动，校园足球人口显著增加，学生身体素质、技术能力和意志品质明显提高，形成有利于大批品学兼优的青少年足球人才脱颖而出的培养体系。支持建设 2 万所左右青少年校园足球特色学校，2025 年达到 5 万所。重点建设 200 个左右高等学校高水平足球运动队。

教学改革更加深入。形成内容丰富、形式多样、因材施教的青少年校园足球教学体系，课程设置、教学标准、教材教法和教学资源等教学要素更加衔接配套，校园足球教学质量明显提升。

竞赛体系更加完善。形成赛事丰富、赛制稳定和赛纪严明的青少年校园足球竞赛体系，球队建设、课余训练、赛事运行等更加规范高效，校园足球运动水平稳步提高。

条件保障更加有力。师资配备补充、培养培训、评价机制和激励措施等更加多样有效，完成 5 万名青少年校园足球专兼职教师的一轮培训；鼓励学生习练足球的综合评价体系更加健全；场地设施和运动安全管理更加完善，财政资金和社会资本多元投入，形成青少年校园足球持续发展保障体系。

二、重点任务

（一）提高校园足球普及水平

加强统筹推进普及。统筹城乡区域布局，统筹各级各类学校，统筹各类社会资源，鼓励有基础的地方和学校探索实践，加大对农村学校帮扶力度，着力扩大校园足球覆盖面。鼓励支持各年龄段学生广泛参与，积极开展青少年女子足球运动，让更多青少年体验足球生活、热爱足球运动、享受足球快乐。以普及校园足球示范带动校园田径、篮球、排球等其他体育运动项目发展。

扶持特色引领普及。遴选一批全国青少年校园足球特色学校，重点建设一批普通高等学校高水平足球运动队，支持其加强建设、深化改革、提高水平和办出特色，发挥其在发展青少年校园足球中的骨干、示范和带动作用。鼓励有条件的地方创建全国青少年校园足球试点县和足球综合改革试验区，先行先试，积累经验，整体推进青少年校园足球发展。

培育文化巩固普及。把开展竞赛、游戏等形式多样的足球活动作为校园文化建设的重要内容，让足球运动融入学生生活、扎根校园。大力发展学生足球社团。鼓励学校充分利用互联网和新媒体搭建信息平台，报道足球活动、交流工作经验、展示特色成果，营造有利于青少年校园足球发展的良好文化氛围。

（二）深化足球教学改革

各级各类学校要把足球列入体育课教学内容，积极推进足球教学模式的多样化。鼓励有条件的学校开展以足球为特色的“一校一品”体育教学改革。足球特色学校可适当加大学时比重，每周至少安排一节足球课，不断提高教学质量。要科学统筹足球教学与其他学科教学，在课时分配、教师配备、教学管理、绩效评价等方面为足球教学改革创造良好条件。发布青少年校园足球教学指南、学生足球运动技能等级标准，规范指导校园足球教学。建设全国青少年校园足球教学资源库，鼓励各地各校因地制宜采取多种方式开发共享高质量的足球教学资源，逐步实现优质足球教学资源全覆盖。依托有条件的单位建立校园足球运动研究基地，加强理论与实践研究，提升校园足球运动发展的科学化水平。

（三）加强足球课外锻炼训练

要把足球运动作为学校大课间和课外活动内容，鼓励引导广大学生“走下网络、走出宿舍、走向操场”，积极参加校外足球运动。有条件的学校要建立班级、年级和校级足球队。鼓励组建女子足球队。妥善处理好学生足球训练和文化学习之间的关系。教育部门会同体育等部门指导学校制定科学的校园足球训练计划，合理组织校园足球课余训练，为喜欢足球和有足球潜能的学生提供学习和训练机会。

（四）完善校园足球竞赛体系

开展丰富多样的赛事。各地各校要广泛开展多样化的足球竞赛活动，形成“校校参与、层层选拔、全国联赛”的足球竞赛格局。要组织小学低年级学生参加趣味性足球活动。从小学 3 年级以上到初、高中学校，要组织班级、年级联赛，开展校际邀请赛、对抗赛等竞赛交流活动。高等学校组织开展院系学生足球联赛和校际交流活动等。鼓励学校参加社会组织举办的足球赛事和公益活动，加强与国际组织和专业机构的交流合作，组织或参与国际青少年足球赛事活动。

形成稳定规范的赛制。规范竞赛管理，构建包括校内竞赛、校际联赛、区域选拔在内的青少年校园足球竞赛体系。建成纵向贯通、横向衔接和规范有序的高校、高中、初中、小学四级青少年校园足球联赛机制。实行赛事分级管理，建立县级、地市级、省级和国家级青少年校园足球竞赛制度。小学阶段联赛范围原则上不超出地市，初中阶段联赛范围原则上不超出省（区、市）。高校足球竞赛成绩要纳入高校体育工作考核评价体系。从 2015 年起，各地教育部门要按照全国青少年校园足球竞赛方案，依托行业组织、专业机构或社团等分级组织实施本地竞赛活动。注重校园足球赛事与职业联赛、区域等级赛事、青少年等级赛事的有机衔接。

维护公正严明的赛纪。完善竞赛监督制度，使足球成为青少年学生体验、适应社会规则和道德规范的有效途径。提倡公平竞赛，安全竞赛，文明竞赛，完善裁判员公正执法、教练员和运动员严守赛风赛纪的约束机制。规范青少年观赛行为，引导他们遵纪守法、文明观赛，形成良好的青少年校园足球竞赛风气。

（五）畅通优秀足球苗子的成长通道

各地要注重发现、选拔和重点培养学生足球运动苗子，认真组建本地学生足球代表队，开展多种形式的集训、比赛和交流活动。有条件地方的体育、教育部门联合创建青少年足球训练中心，为提高学生足球运动水平提供综合服务。组织全国性校园足球夏（冬）令营，聘请国内外高水平教练集中培训各地选送的优秀学生足球运动员。建立教育、体育和社会相互衔接的人才输送渠道，拓宽校园足球学生运动员进入国家足球后备人才梯队、有关足球职业俱乐部和选派到国外著名足球职业俱乐部的通道。依托全国学生学籍管理系统，建立全国青少年校园足球工作管理信息系统，动态监测学生学习、升学和流动情况，并提供相应支持服务。研究制定学生足球运动员注册管理办法。

三、保障措施

（一）加强师资队伍建设

多渠道配备师资。各地要采取多种方式，配足补齐校园足球教师。制订校园足球兼职教师管理办法，鼓励专业能力强、思想作风好的足球教练员、裁判员，有足球特长的其他学科教师和志愿人员担任兼职足球教师。完善政策措施，创新用人机制，为退役运动员转岗为足球教师或兼职足球教学创造条件。建立教师长期从事足球教学的激励机制。

多方式培养培训师资。加强体育教育专业建设，鼓励学生主修、辅修足球专项，培养更多的合格足球教师。制定校园足球教师培训计划，开发相关培训资源，组织开展足球教师教学竞赛、经验交流和教研活动，着力提升足球教师教学实践能力和综合职业素养。2015 年起，组织开展国家级青少年校园足球骨干师资专项培训。各地要结合实际开展多种方式的教师培训。联合行业组织，聘请国内外高水平足球专家培训校园足球教师、教练员、裁判员。选派部分优秀青少年校园足球工作管理人员、教师、教练员、裁判员到国外参加专业培训和交流活动。

（二）改善场地设施条件

加快场地设施改造建设。各地要把校园足球活动的场地建设纳入本行政区域足球场地建设规划，纳入城镇化和新农村建设总体规划，按照因地制宜、逐步改善的原则，加大场地设施建设力度，创造条件满足校园足球活动要求。鼓励建设小型多样化足球场地设施。在现有青少年培养、实践基地建设中，规划和建设好足球场地设施。

推动场地设施共建共享。各地要统筹体育场地设施资源的投入、建设、管理和使用，鼓励各地依托学区建立青少年足球活动中心，同步推进学校足球场地向社会开放和社会体育场地设施向学校开放，形成教育与体育、学校与社会、学区与社区共建共享场地设施的有效机制。

（三）健全学生参与足球激励机制

把足球学习情况纳入学生档案，作为学生综合素质评价的参考。加强足球特长生文化课教学管理，完善考试招生政策，激励学生长期积极参加足球学习和训练。允许足球特长生在升学录取时合理流动，获得良好的特长发展环境。研究完善高校高水平足球队管理办法和招生政策，增加高校高水平足球运动队数量，适度扩大招生规模。拓展青少年出国交流机会，经过选拔推荐可以参加国际校园足球赛事和交流活动。

（四）加大经费支持力度

各地应当加大对青少年校园足球的投入，统筹相关经费渠道对校园足球改革发展给予倾斜。探索建立政府支持、市场参与、多方筹措支持校园足球发展的经费投入机制。各地要优化教育投入结构，积极创造条件，因地制宜逐步提高校园足球特色学校经费保障水平，支持学校开展足球教学、训练和比赛。

（五）完善安全保险制度

各地要加强校园足球运动伤害风险管理，制定安全防范规章制度，加强运动安全教育、检查和管理，增强学生的运动安全和自我保护意识。完善保险机制，推进政府购买服务，提升校园足球安全保障水平，解除学生、家长和学校的后顾之忧。

（六）鼓励社会力量参与

各地要加大规划、政策、标准引导力度，多渠道调动社会力量支持校园足球发展的积极性。充分发挥职业足球俱乐部、足球学校、体育运动学校在人才培养方面的积极作用，鼓励有条件的体育俱乐部、企业及其他社会组织联合开展有利于校园足球发展的公益活动。完善相关政策，引导社会资本进入校园足球领域。在中国教育发展基金会设立青少年校园足球发展基金，多渠道吸收社会资金。创新校园足球利用外资方式，有效利用境外直接投资、国际组织、外国政府以及其他组织的支持。

四、组织领导

（一）充分发挥全国青少年校园足球工作领导小组作用

教育部门应履行好青少年校园足球主管责任，负责校园足球的统筹规划、宏观指导和综合管理。体育部门发挥人才和资源优势，加强技术指导、行业支持和相关服务。发展改革部门负责统筹场地设施规划与实施。财政部门负责制定推动校园足球工作的相关支持政策。宣传部门加大宣传支持力度，统筹营造社会舆论氛围。共青团系统负责组织或者参与开展校园足球文化活动。教育督导部门要将校园足球纳入教育督导指标体系，制定校园足球专项督导办法，定期开展专项督导。领导小组办公室要配齐配强工作人员，做好日常管理工作，执行领导小组决策、协调成员单位积极推动各项任务落实。成立全国青少年校园足球专家委员会，加强对校园足球的指导。

（二）把发展青少年校园足球纳入重要工作日程

各地要高度重视青少年校园足球工作，加强领导，精心组织，参照全国青少年校园足球工作领导小组组织模式，建立相应工作机制，制定本地区青少年校园足球发展规划，实施青少年校园足球发展项目，明确支持政策，增强管理能力，提升服务水平。鼓励各地成立青少年校园足球协会，承担本地校园足球的具体工作。加强青少年校园足球工作质量监测，定期发布全国和各地区青少年校园足球发展水平报告。

（三）优化发展青少年校园足球舆论环境

大力宣传发展青少年校园足球发展理念、育人功能，校园足球文化和先进经验做法，及时报道和播出学生足球赛事，鼓励影视行业和企业拍摄有关校园足球题材影视作品，在广大青少年中掀起爱足球、看足球、踢足球的热潮，在全社会营造关心、支持校园足球发展的良好氛围。

教育部　国家发展改革委　财政部

新闻出版广电总局　体育总局　共青团中央

2015 年 7 月 22 日

教育部等七部门关于印发《全国青少年校园足球八大体系建设行动计划》的通知

教体艺〔2020〕5号

各省、自治区、直辖市教育厅（教委）、发展改革委、财政厅（局）、广播电视局、体育局、团委、足协，新疆生产建设兵团教育局、发展改革委、财政局、文化体育广电和旅游局、团委、足协：

《全国青少年校园足球八大体系建设行动计划》已经全国青少年校园足球工作领导小组同意，现印发给你们，请认真贯彻执行。

教育部　国家发展改革委　财政部

广电总局　体育总局

共青团中央　中国足协

2020年8月28日

全国青少年校园足球八大体系建设行动计划

为深入贯彻习近平总书记关于发展好青少年足球的重要指示和全国教育大会精神，深化落实《中国足球改革发展总体方案》《教育部等6部门关于加快发展青少年校园足球的实施意见》，巩固和完善校园足球工作制度体系，推进校园足球工作治理体系和治理能力现代化，制定本计划。

一、总体要求

1. 重大意义。发展青少年校园足球是党中央、国务院作出的战略部署，是落实立德树人根本任务的育人工程，是提高中国足球普及程度和竞技水平的基础工程，是全面推进学校体育综合改革、推进体教融合深度发展的探路工程。对弘扬社会主义核心价值观，培养学生爱国主义、集体主义精神和奋发向上、顽强拼搏的意志品质，实现学校体育“享受乐趣、增强体质、健全人格、锤炼意志”目标具有重要意义。

2. 指导思想。以习近平新时代中国特色社会主义思想为指导，全面贯彻党的十九大和十九届二中、三中、四中全会精神，落实全国教育大会精神，把校园足球改革发展作为深化教育改革，建设健康中国、体育强国和人力资源强国的重要举措，形成政府主导、学校主体、行业指导、社会参与的新时代中国特色校园足球制度体系和治理体系。

3. 基本原则。坚持立德树人、改革创新、遵循规律、依法治理、问题导向和统筹协调原则，做到科学谋划、有序推进、持续用力、久久为功。

4. 工作目标。到 2022 年，全国青少年校园足球普及推广、教学训练、竞赛联赛、师资条件、体教融合、宣传引导等体系更加完善，管理体系、制度体系、评价机制、条件保障更加健全。力争为每所校园足球特色学校培训至少一名具有中国足协 D 级或同等水平教师或教练员；力争每所校园足球特色学校均建有 1 块以上足球场地，有条件的高等院校均建有 1 块以上标准足球场地；校园足球特色学校学生体质健康合格率达到 95% 以上，中小学生经常参加足球运动人数超过 3 000 万。

二、主要任务

1. 精心布局、夯实校园足球推广体系。各级校园足球工作领导小组办公室要加强组织管理，坚持普及与提高并重，推动地区、城乡和男女青少年校园足球优质均衡发展。普及重心下移到幼儿园，开展以培养兴趣为主的足球启蒙教育，不断夯实已遴选认定的足球特色幼儿园和校园足球特色学校发展基础，科学制订创建规划。完善高校高水平足球运动队建设指导意见，重点统筹招生、教学、训练、竞赛和条件保障等。制定统一的青少年足球人口标准，做好运动员在校园足球与中国足协的共同注册工作。建立校园足球普及与教育精准扶贫相结合的机制，引进国际足联和社会力量，大力支持以“三区三州”为重点的深度贫困地区和中西部地区校园足球发展，促进教育优质均衡发展。把校园足球制度体系和治理体系逐渐推广到校园篮球、排球、冰雪运动、武术、田径、体操、游泳、机器人运动和网球等项目上，形成完备的学校体育工作制度体系和治理体系。

2. 全面发力、健全校园足球教学体系。在教会和学会上下功夫，推进校园足球教学改革。参与中国足协青少年训练大纲的讨论和研究，在科学吸纳中国足协青少年训练大纲的内容基础上，促进教学内容、条件和线上线下教育资源等衔接配套，形成内容丰富、形式多样、因材施教的校园足球教学体系。促进互联网、大数据、人工智能等技术与校园足球教学深度融合。促进文化学习与足球技能共同发展，推动思政课程融入校园足球教学；学生普遍掌握足球运动技能，运动能力和足球技战术水平明显提高，规则意识、爱国主义和集体主义精神显著增强。强化足球师资培养培训，建立线上线下相结合的校园足球师资培训体系，开发培训课程，制订等级考核评定机制，增强教学针对性和实效性。共享教体资源，制订考培官、讲师的遴选和等级考核办法。校园足球管理部门与中国足协共同研究、制定、完善国家资助足球教师和精英青少年教练员赴海外留学选拔、培训制度和考核办法，建立跟踪机制和继续培训机制。加快推进新型足球学校、足球相关专业院校和学科专业建设。以培养体育教育和足球专项师资为目标，高校足球专业学生在校期间参与校园足球训练、裁判工作并经中国足协等级教练员培训和考核、裁判员等级培训和考核，毕业时可获得相应等级教练员或裁判员资格。

3. 示范引领、打造校园足球样板体系。加快推进中国特色青少年足球后备人才培养体系建设。整合教育、体育、足协、职业俱乐部及国内外相关优质资源，加快推进国家级“满天星”训练营建设，着力实现配备高水平教练、实施高水平教学、开展高水平训练、组织高水平竞赛、落实高水平保障、强化高水平管理，示范引领校园足球工作全面提质增效。健全“满天星”训练营共建机制，社会力量有序参与建设，为区域内校园足球教师和教练员提供培训，指导教学、训练和竞赛的开展。各地要建立省、市、区级校园足球训练营，组织区域内有潜质的校园足球学生运动员在课余、周末和节假日进行高水平足球训练和竞赛，促进校园足球高水平运动员不断涌现。定期组织各年龄段全国最佳阵容集训，建立与足协精英青少年训练营和职业俱乐部青少年梯队的合作、共建机制，组建多组别校园足球精英集训队，校园足球精英集训队的优秀球员积极参加中国足协组织的精英青少年训练营。不断完善校园足球多层次、立体化、科学化的课余训练体系，畅通“校园足球特色学校—‘满天星’训练营—校园足球精英集训队—中国足协精英青少年训练营—中国足协各年龄段国家队”运动员的训练、发展与成长通道。

4. 严格管理、做强校园足球竞赛体系。深化建设校内竞赛—校际联赛—选拔性竞赛—国际交流比赛为一体的竞赛体系。确保校园足球特色学校班班有球队，定期组织比赛，通过年级联赛组建各个年龄组的男女代表队。进一步完善小学、初中、高中和大学联赛、选拔性竞赛和夏（冬）令营活动。在全国最佳阵容的基础上，形成各组别校园足球精英集训队选拔和建队机制，不断完善校园足球与青训体系同年龄组竞赛选拔机制。国家体育总局、中国足协在技术保障、教练员配备等方面，支持校园足球精英队参加世界中学生运动会、国际大学生体育联合会足球世界杯等国际性校园足球赛事。具有高校高水平足球运动队招生资格的院校需组建男女足球队参加全国青少年校园足球工作领导小组办公室规定的全国性比赛，实行升降级制，并逐步试行比赛成绩与高水平运动队招生计划相挂钩。推动各地建设城市内青少年统一的联赛体系。建立校园足球竞赛管理平台，对各地的竞赛活动进行实时统计和报道。与体育总局、中国足协共商一体化、开放性竞赛和训练体系，教育部、体育总局、中国足协相互支持校园及足协、体育部门组织的训练营和竞赛活动，形成教育、体育、足协、社会足球青训大系统。共同发布青少年赛事赛历，积极组织符合条件的校园足球队伍参加青超联赛、女乙联赛等赛事。在中国足协注册的在校学生参加校园足球相应组别的赛事。制定符合国情的学校学生运动员和运动队管理规范。严肃赛风赛纪，完善竞赛规则和奖惩规定，健全监督、执法和仲裁机制，加强校园足球组织、俱乐部、从业人员诚信自律守则，依法查处违法犯罪行为。

5. 统筹协调、形成校园足球融合体系。完善全国青少年校园足球工作领导小组成员单位例会制度，加快推进工作对接和资源共享，发挥各自优势，深化体教融合。加快推进校园足球与青训体系“一体化设计、一体化推进”合作格局。合力在国民教育体系中通过足球教学、训练和竞赛探索培养优秀足球竞技人才。积极鼓励有较好足球运动技能和水平的学生向职业体育发展，拓宽校园足球学生运动员进入省（区、市）、国家等各级足球后备人才梯队、国内外职业足球俱乐部的通道，建立健全教育、体育和社会相互衔接的人才输送机制。建立和完善校园足球与足协或职业俱乐部运动员流动和逐级反哺机制。完善退役运动员、优秀教练员、社会体育指导员、有体育特长的社会人员兼职校园足球教师制度。加强国际交流，搭建国内外相关足球组织、机构和部门有序参与、协同推进校园足球健康发展的格局。

6. 激励创新、构建校园足球荣誉体系。进一步调动学校、学生、家长和地方政府、企事业单位及社会各界参与、支持校园足球的积极性。各地要结合实际制订校园足球特色学校学生贯通培养的具体办法，进一步完善各学段优秀校园足球运动员升学政策，不断畅通校园足球人才成长通道。每年选拔品学兼优、有潜质的校园足球学生运动员到国外接受培训和学习。完善高校高水平足球队选拔机制。保障一线体育教师、足球教练在职称晋升、评优评先、薪酬等方面的合理待遇。建立和完善校园足球教师和教练员超课时训练、带队比赛工作量认定政策，作为绩效工资分配的重要参考。完善校园足球年度报告制度，每年编辑出版《全国青少年校园足球发展报告》。每年举行校园足球年度工作总结活动，对相关政府、组织、企业和个人为校园足球发展做出的突出贡献进行认定，其中一线体育教师、足球教练在职称晋升、评优评先等方面予以倾斜。

7. 攻坚克难、搭建校园足球科研体系。强化学科交叉融合，围绕校园足球关键领域和重点环节，培育一批专业功底扎实的校园足球专家。不断规范和完善全国青少年校园足球专家委员会管理，强化智库支撑。鼓励开展基础性、前沿性、探索性创新研究。积极吸纳社会力量支持，构建政府主导、社会有序参与的高水平科研平台，围绕青少年足球发展的关键领域和重点环节设立研究项目，逐步形成特色鲜明的中国青少年校园足球科研体系。

8. 强化导向、完善校园足球舆论宣传引导体系。加强校园足球政务信息数据服务平台和公共服务平台建设。依托全国校园足球暨体卫艺官方公众号建好全国青少年校园足球新媒体中心。各省级校园足球工作领导小组办公室要积极与当地相关专业院校或机构合作，共建校园足球新媒体工作站，共同构建层级分明、职责清晰的全媒体矩阵；与宣传主管部门和新闻媒体建立及时、有效的沟通渠道，主动回应社会各方面对校园足球的关切和建议。鼓励电视媒体直播或转播校园足球赛事，组织创作一批青少年喜闻乐见的动漫、纪录片及文学影视作品，传播校园足球好声音，讲述校园足球好故事，扭转急功近利和锦标主义倾向，弘扬健康向上的价值观，营造健康的足球文化氛围。

三、保障措施

1. 加强组织领导。强化全国青少年校园足球工作领导小组的统筹协调作用，形成科学高效的校园足球治理体系，推进各级政府和相关部门落实落细校园足球政策。各级校园足球工作领导小组要制定工作制度，强化统筹指导，完善校园足球事业发展的多元化投入机制，鼓励各地通过政府购买服务等多种方式加大支持校园足球发展的力度。

2. 健全考核评价。健全各级校园足球工作考核评价机制，统筹设计好“指挥棒”，完善校园足球管理监督体系，加强调研和检查，充分调动和激发各地抓实抓好校园足球工作的积极性。

3. 完善保障机制。各地相关部门要完善校内外足球运动安全管理制度，落实安全责任制，加强运动风险教育，提高安全意识和风险防范能力。探索建立涵盖体育意外伤害的学生综合保险机制。引导社会力量支持校园足球发展，加强足球场地、设施的维护管理，支持基础性、公益性足球场地设施建设。

4. 健全统计机制。加强校园足球场地设施数据收集汇总工作，全面准确掌握校园足球场地数量、类型、分布等基本情况，切实加强动态调整、确保数据准确。

各地要根据实际情况，制定相应制度文件，加大推进力度，并将相关工作情况报全国青少年校园足球工作领导小组办公室。

全国幼儿足球活动负面清单发布
禁止幼儿足球考级

来源:《中国青年报》 2020年09月15日04版

本报北京9月14日电(中青报·中青网记者 孙庆玲)记者今天从教育部获悉,在全国校园足球工作领导小组办公室近日召开的2020年全国校园足球工作视频会议上,全国校园足球专家委员会和全国幼儿足球专家委员会审议通过包括禁止幼儿足球考级在内的8条全国幼儿足球活动负面清单。

8条负面清单内容分别是:禁止进行正式足球比赛,禁止进行成人化、专业化、小学化的足球训练,禁止幼儿足球考级,禁止进行足球的头球练习,禁止足球操等形式化的表演,禁止所有负重的力量练习,禁止全国足球特色幼儿园幼儿只练足球,严格控制运动时长和运动的强度。

会上还要求,各级教育部门要加强全国校园足球特色学校和足球特色幼儿园建设,尽快完成线上注册工作,确保每所学校(幼儿园)能够直接了解到全国校足办各项政策、教学资源、训练要求、竞赛通知等。

校园足球普及重心下移到幼儿园

来源:《光明日报》 2020 年 09 月 27 日 04 版

近日，教育部、国家发展改革委、财政部、广电总局、体育总局、共青团中央、中国足协联合印发了《全国青少年校园足球八大体系建设行动计划》(以下简称《计划》)。《计划》称，校园足球的普及重心将下移到幼儿园，开展以培养兴趣为主的足球启蒙教育。到 2022 年，全国青少年校园足球普及推广、教学训练等体系更加完善，管理体系、制度体系更加健全。力争为每所校园足球特色学校培训至少一名具有中国足协 D 级或同等水平教师或教练员；力争每所校园足球特色学校均建有 1 块以上足球场地；校园足球特色学校学生体质健康合格率达到 95% 以上，中小学生经常参加足球运动人数超过 3 000 万。

教育部体育卫生与艺术教育司负责人表示，《计划》将新时代校园足球改革发展各项任务具体落到推广普及、教学训练、竞赛联赛、体教融合、科学研究、宣传引导等八大体系之中。

《计划》提出，各级校园足球工作领导小组办公室要加强组织管理，坚持普及与提高并重，推动地区、城乡和男女青少年校园足球优质均衡发展。普及重心下移到幼儿园，开展以培养兴趣为主的足球启蒙教育，不断夯实已遴选认定的足球特色幼儿园和校园足球特色学校发展基础，科学制订创建规划。完善高校高水平足球运动队建设指导意见，重点统筹招生、教学、训练、竞赛和条件保障等。制定统一的青少年足球人口标准，做好运动员在校园足球与中国足协的共同注册工作。

《计划》强调，各地要建立省、市、区级校园足球训练营，组织区域内有潜质的校园足球学生运动员在课余、周末和节假日进行高水平足球训练和竞赛，促进校园足球高水平运动员不断涌现。

《计划》提出，严格管理、做强校园足球竞赛体系。深化建设校内竞赛—校际联赛—选拔性竞赛—国际交流比赛为一体的竞赛体系。确保校园足球特色学校班班有球队，定期组织比赛，通过年级联赛组建各个年龄组的男女代表队。进一步完善小学、初中、高中和大学联赛、选拔性竞赛和夏(冬)令营活动。

教育部体育卫生与艺术教育司负责人表示，要强化全国青少年校园足球工作领导小组的统筹协调作用，形成科学高效的校园足球治理体系。健全各级校园足球工作考核评价机制，统筹设计好“指挥棒”，完善校园足球管理监督体系。各地相关部门要完善校内外足球运动安全管理制度，落实安全责任制，加强运动风险教育，提高安全意识和风险防范能力。同时，加强校园足球场地设施数据收集汇总工作，全面准确掌握校园足球场地数量、类型、分布等基本情况，切实加强动态调整、确保数据准确。(本报记者 陈鹏)

幼儿足球：玩什么怎么玩

来源：《中国教育报》2021 年 01 月 17 日第 01 版（节选部分）

近日，2020 年全国足球特色幼儿园名单出炉，加上 2019 年首批公布的 3570 所足球特色幼儿园，目前全国已有 6295 所足球特色幼儿园。

近年来，从分两批遴选足球特色幼儿园，出台《全国足球特色幼儿园游戏活动指南》，到发布《3—6 岁儿童足球活动负面清单》和《全国青少年校园足球八大体系建设行动计划》，校园足球的普及重心逐渐下移到幼儿园，“足球从娃娃抓起”这句喊了几十年的口号开始真正在实践中落地。

幼儿足球到底应怎样开展？在实践中有哪些误区亟待扭转？面临什么问题和挑战？

对急功近利行为“亮牌”

随着幼儿体育得到重视，囿于经验等原因，各地出现了各种足球操、足球舞，各类比赛、培训班和专业化训练，大有让竞技体育从中小学向下渗透的趋势，幼儿足球也渐渐变了味儿。

东北师范大学体育学院院长张守伟表示，当前幼儿体育或是幼儿足球存在的突出问题是专业化、竞技化、成人化、随意化和功利化。

他分析指出，一方面，这与我国竞技体育举国体制下形成的“运动即竞技，竞技必须专业化”的错误认识有关，这种认知直接影响了学校体育工作者的理念；另一方面，幼儿足球在实践中急功近利，比如组织大规模、形式化的足球操、足球舞，开展各种比赛、考级。有的社会机构为获取利益，参照成人模式随意开展幼儿足球培训，这些活动没能让更多孩子参与足球，反而限制了幼儿足球的普及和发展。

“科学规律告诉我们，专业足球运动员的培养和足球专业训练，一般从 14 岁左右开展，此前最重要的是促进儿童身心全面发展。”中国教科院体卫艺研究所所长吴键表示，过早的专业训练，揠苗助长，反而阻碍专业能力的提高。

“早期专业化是曾经走过的弯路，但今天依旧有人在走。他们品尝和展示着早熟的‘果实’，却不知道后面根本没有丰收的秋天。”张守伟说。

为纠正现实中幼儿足球的小学化、成人化等倾向，2020 年 9 月，全国校足办发布《3 ～ 6 岁儿童足球活动负面清单》，正式足球比赛，足球考级，成人化、专业化、小学化足球训练等八项行为被紧急叫停。

“负面清单进一步强化了开展幼儿足球的基本原则，也就是要适合儿童身心特点，遵循科学规律，禁止成人化、专业化足球训练和竞赛。要从儿童生长发育阶段出发，给予儿童身体充分的安全保护，并且遏制校园足球形式主义现象。”吴键说。

在张守伟看来，“禁区”之外的广阔空间，有利于赋予幼儿足球更多的自主权，激发创新活力，构建新型幼儿足球发展机制。

吴键表示，校园足球普及重心下移，主要目的在足球之外。

“它更多针对的是幼儿教育中的现实问题，比如缺乏户外活动、集体性活动。”吴键表示，给幼儿提供充分的运动，不是为了直接从中发现和培养足球运动员，而是为了促进幼儿身体健康，在运动中培养幼儿的运动习惯、养成健康的社会生活方式。

“幼儿大脑的发育需要来自身体运动的刺激，因此，让更多的幼儿去踢足球，是为了促进幼儿的智力发展。这就是我们通常说的以球强身，以球启智，以球育人。”吴键说，幼儿足球对校园足球的整体发展而言，是为孩子的健康成长奠定良好的身心发展基础。

幼儿足球正确的打开方式是“游戏”

自2015年起，东北师范大学和吉林大学进行了“中国娃娃足球”课题的研究，“关于幼儿足球的主要理念，我们感觉到，幼儿足球应该在如何玩、怎么玩上去探索。”张守伟提醒，在玩的过程中要注意适宜性，注意不同年龄段孩子的身心发育特点。

针对如何设计足球游戏活动，吴键认为，要以足球为媒介，教给幼儿正确的身体动作，提高神经系统对肌肉的支配能力，发展幼儿的身体运动功能。通过多种活动，发展幼儿走、跑、跳、投等身体活动能力，提高灵敏、平衡、协调等综合身体素质。通过各种练习，形成幼儿正确的身体形态和姿态，促进幼儿身体动作的发展，提高基础运动能力。

2019年11月，《全国足球特色幼儿园游戏活动指南》发布，为足球特色幼儿园建设提供了一份“说明书”。

张守伟表示，目前，我国幼儿足球尚处在理念共识、价值认同、模式探索的起步阶段，不少足球特色幼儿园刚刚开始建设，在场地、器材、师资、游戏课程、评价、管理等方面仍在完善。“在这时，幼儿足球游戏活动应在遵循基本原则的基础上，实行‘放手’原则，鼓励幼儿园结合实际开展形式多样的幼儿足球游戏活动，不必一刀切、采用一个模式，课程或活动内容、方式方法也不必做统一要求。”

师资是必须突破的难题

缺少师资，场地短缺，经费难以保障，理念仍待扭转……幼儿足球正经历着发展初期的痛苦。其中，缺乏同时具有教育经验和儿童体育专业背景的教师，是当前面临的最大挑战，也是一项必须突破的难题。

“如果让体育专业或是足球专项教师开展幼儿足球活动，我们必须承认，他们缺少幼儿心理、生理和运动技能形成规律的认识，不掌握教育教学规律，也没有与幼儿互动、交流的经验，专业化、竞技化、成人化的印记和现象便会出现。”张守伟说。

“在缺乏专业师资的情况下，令人担心的是，一些踢过足球，但自己并没有接受过系统体育教育或足球教育的所谓专业人士去开展幼儿足球活动。”吴键说。

另外，张守伟也观察到一个非常普遍的现象，不少幼儿园教师从来没踢过足球，而且，很多家长、教师、教练不会和孩子玩，他们会教、会练、会训，就是不会“玩”。

张守伟是首届全国幼儿足球专家委员会的副主任委员，同时也担任了师资培训组的组长。他表示，解决幼儿足球的师资问题，目前来看，最好的办法是将幼儿园教师和家长变为“足球高手”。

“乍一看，这个想法似乎是不可能的。”张守伟说，“我们历时 5 年多的实践证明，只要为教师和家长提供细化到每一天的适宜性足球活动方案，通过辅助设备，进行两三天的培训，他们很快就能成为‘足球高手’。这样既不会增加幼儿园教师和家长的负担，也可以促进幼儿园—家庭—社会三位一体的幼儿足球活动互动。这也是我目前正在积极进行的幼儿足球师资培训的主要内容。”

他提醒，要进一步扭转教师和家长的观念，转变“教化”和“训练”的思维方式，从让孩子在教学中学会踢球，变为和孩子一起玩足球，享受足球运动的乐趣。

“不是‘让’孩子玩，而是‘跟’孩子玩。在这个过程中，教师要摒弃技术、战术、规则、胜利，牢记快乐才是最重要的，学会放手，让孩子感受到足球游戏本身的魅力，并培养孩子的团队精神，形成积极向上的价值观和优秀品格。”张守伟说。（本报记者　王家源　李小伟）